Au mitan
de tous ces souvenirs
enfouis

Maltraitance (s) – Résilience – Couple – Famille - Transmission

Au mitan de tous ces souvenirs enfouis

Chemins de croix et chemins de vie
« Tchimbé rèd pa moli «

Épisode 1

SYLVIA JEAN-BAPTISTE

MENTIONS LEGALES
© 2024 Sylvia Jean Baptiste
Édition : BoD · Books on Demand, 31 avenue Saint-Rémy,
57600 Forbach, bod@bod.fr
Impression : Libri Plureos GmbH, Friedensallee 273,
22763 Hamburg (Allemagne)
ISBN : 978-2-3225-5978-7
Dépôt légal : Décembre 2024

REMERCIEMENTS

« Le papillon est le maître de la métamorphose, dit-on ! Les lépidoptères ou papillons, après avoir existé pendant une période considérable, sans aucun changement visible important dans leur structure, passent grâce à une transition rapide d'un état à un autre ».

« De chenille à chrysalide, en l'espace de quelques jours et à nouveau, après une période de repos qui peut s'étendre sur l'ensemble des mois les plus froids, elle devient « papillon de nuit », dans les vingt minutes à partir de son émergence du cocon ».

Moi, je suis encore, au chaud, dans ce corps de chenille. Ma chrysalide se dessine lentement mais sûrement. Rien ne me presse tant chaque étape de ma transformation aura été fructueuse.

À cet égard, je tiens à remercier, tous ceux et toutes celles, qui ont positivement agi et contribué à cette proche éclosion.

Je pense plus précisément à ma sœur, à mes frères, à mes conjoints, à mes enfants et à mes petits-enfants, qui face à cette mue vitale et, ô combien, torturée, ont toujours consenti à poser un regard d'empathie de bienveillance et d'amour sur moi.

INTRODUCTION

1961-202... Une réflexion d'**Émilie Frêche** résonne en moi :
« *Je me suis dit que l'âge adulte n'était qu'un correcteur; une seconde chance, qu'on passait sa vie à réparer son enfance* »
Pour moi, l'âge adulte, c'est tout à fait ça : le droit d'utiliser l'effacil pour réparer les blessures de son enfance. Pendant deux décennies, j'ai cherché à équilibrer le bonheur de tous ceux qui m'étaient chers avec mon propre épanouissement personnel. Projet méritoire, au demeurant, mais harassant parce que tout simplement, utopique...

Concernant mon équilibre de vie, la tâche apparaissait déjà rude car un des principaux freins au voyage, vers mon harmonie intérieure, notamment, était entravé par un héritage parental lourd et douloureux.

Dès le fanion de départ, la compétition m'a placée sur un parcours très accidenté. La piste était caillouteuse, les obstacles nombreux et le sol souvent impraticable. Et, mal équipée, je ne voyais pas le panneau d'arrivée.

Sans aucun repère, je me suis souvent perdue. Désormais, toucher au but est perceptible, mais il n'est toujours pas atteint. Ce n'est pas le plus important. Ce qui l'est davantage, c'est d'avoir réussi à trouver mon propre rythme de respiration et d'être parvenue à cadencer mon pas.

Et, sur cette trajectoire, si d'aventure, me prend l'envie de ralentir, même de stopper la course. Je me concède volontiers ce droit. Car ces haltes me rappellent combien cette vie, ma vie est précieuse. D'ailleurs, cette citation de **M. David Le Breton** rassure, si vous en êtes déjà là :

« *Qu'importe l'issue du chemin quand seul compte le chemin parcouru.* »

—En ai-je perdu quelques-uns ? Ou êtes-vous tous toujours avec moi ? Je vous éclaire sur ce qui précède. Aujourd'hui, dans ma vie, c'est le pouls de ma nature profonde qui inspire chacun de mes mouvements, chacune de mes impulsions, chacune de mes décisions. Je ne veux plus être sous emprise…Laquelle ? Celle d'un formatage pluriel, en bonne et due forme, auquel on vous soumet, depuis la naissance.

—Comment s'en délier ? Peut-être, en identifiant les diktats sociétaux, en spécifiant certaines formes de conditionnement sociales, familiales, subies pendant une grande partie de son existence.

Et, à la lumière de cette brève introspection, en conclure qu'être malheureux dans sa vie, si vous l'êtes, bien entendu, n'est pas une fatalité. Mais juste une option à laquelle vous pouvez renoncer.

Se reconnecter à soi-même ou restaurer cette identité terrée, procède d'un chantier, au long cours. Mais tomber en amour pour soi-même en vaudra toujours la chandelle !

J'admets, cette émancipation pour quitter toutes ces agoras où invariablement les idées d'une majorité écrasent vos convictions, vos aspirations, que vous ne défendez même plus, depuis longtemps, est vertigineuse.

Alors, si tel était le cas, ce récit est bien pour vous. Je vous l'offre, en souhaitant qu'il vous apporte, réconfort et espoir, face à ces épreuves de vie traversées, qui vous ont blessées, certes, mais qui vous ont aussi grandies. Vous encourager, vous soutenir, pour atteindre votre bonheur est mon intention principale, en toute humilité.

Avant de nous asseoir pour bavarder, ce serait un grand soulagement de savoir que si vous vous reconnaissez dans tout ce qui va suivre, sachez tout d'abord qu'on en réchappe.

En ce qui me concerne, le vernis, qui fardait ma première peau, depuis tant d'années, désespérant péniblement, de faire sa mue, a littéralement craqué, lors de ma décision de divorcer. Cela fait plus de vingt et un ans que je me suis séparée du père de mes filles, maintenant.

Et aujourd'hui, à l'aune d'un âge considéré comme « sage », le compte n'y est toujours pas… Peu importe, en grande optimiste que je suis, si ma nouvelle existence repose maintenant sur l'acceptation de qui je suis et sur l'amour sans conditions, que je me porte, dans un espace où la paix intérieure est la pierre angulaire, alors je me réjouis d'être sur la bonne voie.

De toute évidence, le temps manquera pour afficher une victoire complète sur l'ennemi, que je suis. Cependant, rien d'alarmant ! Car au fur et à mesure que les années s'égrènent, la nouvelle peau tapissera définitivement cette carapace d'origine.

Alors, que dire, aujourd'hui, de cette membrane encore fine ? Elle m'enveloppe, chaque jour, d'une compassion, d'une tendresse, d'une empathie envers moi, même si ma carcasse conservera, de manière indélébile, les stigmates cicatriciels des évènements de vie affrontés.

In fine, le portrait que je vois le matin,
dans le miroir me ressemble de plus en plus.
Même si encore, je le brouillonne, je l'esquisse...
Le contour de ma vie me sied davantage au fur et à
mesure que le temps file. Certes, mon trait de
crayon reste encore timoré, parfois, à certains endroits
Mais le temps aidant, le mouvement devient plus assuré,
plus décidé, plus déterminé, plus abouti

1961-1964 : Itinéraire d'une enfant malaimée

Regarder l'enfance **Andrée Chedid**
Jusqu'aux bords de ta vie
Tu porteras ton enfance
Ses fables et ses larmes
Ses grelots et ses peurs
Tout au long de tes jours
Te précède ton enfance
Entravant ta marche
Ou te frayant chemin
Singulier et magique
L'œil de ton enfance
Qui détient à sa source
L'univers des regards

Maintenant que vous êtes bien installés : je vous le confesse : j'ai exécré toute mon enfance et toute mon adolescence, aux côtés de mes géniteurs, notamment. En y réfléchissant, à la maison comme à l'école, aucun adulte n'a jamais pris soin de moi.

Ne pas être née « caucasienne » aura été la sanction et la pénitence ultimes de mes premières années de vie. Ce critère était tout simplement, à l'époque, mon mètre étalon d'équilibre existentiel. C'est vrai, comment faire, en ces années 70, quand vous êtes la seule tache noire dans cet environnement sociétal quasiment immaculé ?

Plus prosaïquement, la seule à être métissée, la seule à avoir des cheveux crépus, la seule à...., dans cette école maternelle que les « Sœurs » régentaient. Bref, tout simplement, la seule à être « culturellement » différente.

Figurez-vous, qu'encore, aujourd'hui et je vous l'avoue tout de go : si quelqu'un appuie sur cette fêlure-là, un peu comme sur une plaie qui aurait mal cicatrisé, par des paroles suspicieuses, qui interrogeraient mon identité, telles que :

— « Ah oui, alors comme ça, vous seriez donc née à Paris. Mais, bon, entre nous, de quelle origine êtes-vous, exactement ? On sent un peu d'exotisme chez vous, non « ?

Alors, moins aujourd'hui que jadis, peut-être, mon cerveau vrille. Mon visage se durcit ; mes poings peuvent se fermer ; armée pour une joute verbale.

— Qu'en déduisez-vous ? Oui, effectivement, l'histoire est toujours agissante...

Aussi, je m'affronte et j'accepte, petit à petit, à composer, sans jamais me dérober aux kilomètres qu'il me reste à parcourir, pour atteindre plus de sérénité, sur cette cavité-là.

Sans doute que le feu ardent du mélange culturel, dont je suis issue, qui a bruni ma peau continue encore à roussir mon âme parfois, à mon insu ! Pour mieux comprendre pourquoi j'en suis là, je me permets de vous interpeller :

— Qui, honnêtement, du haut de ses trois ans, aurait pu être insensible, hermétique, à une stigmatisation aussi insistante, aussi excessive de sa différence physique ; à une maltraitance morale aussi brutale ; à ce harcèlement récurrent ; enfin à ce flot d'insultes dont le seul fondement était : la couleur de sa peau ? Dans mes plus vifs souvenirs, j'entends encore parfois ces petites phrases assassines, lâchées innocemment, dans la classe ou dans la cour de récréation, par ces chères petites têtes qui n'étaient pas toutes blondes, du reste. Chacune a lacéré profondément mon cuir que la vie n'avait pas encore tanné.

Et les flashes traumatiques résistants de ma scolarisation en maternelle en exhalent encore parfois des odeurs nauséabondes.

— « Sale noire « !

— « Papa m'a dit que si tu es noire, c'est parce que tu ne te laves jamais « !

— « Négresse à plateau » !

— « Pff ! Tu sens très mauvais, (*en se pinçant le nez*) « !

— « Je ne veux pas me mettre à côté de toi, dans le rang, après la récréation (*à ceux et à celles à qui je tendais la main*) « !

— « Ma maman dit que si je te donne la main, je vais devenir marron ! Et moi, je veux rester blanche, pas devenir marron comme toi « !

Et, si seulement, les référents scolaires avaient été en reste.. Sous leurs mains, a priori, chaleureuses, je demeurai là, en mal d'amour, ma toison remplaçant le pelage du petit animal qu'on caressait affectueusement :

— « Tes cheveux sont tout doux, on dirait de la laine « !

Dans ces années-là, la honte a été pour beaucoup d'enfants issus de cette minorité visible, le rempart infranchissable pour se plaindre. Nos parents subissaient, sans doute, les mêmes sarcasmes. Mais finalement, je n'en sais rien car je n'ai jamais entendu quiconque l'évoquer : ni chez moi, ni ailleurs.

C'était juste une normalité acceptée par tous.

J'adhère parfaitement à cette déclaration **d'André Maurois** : « *la vie est un combat et il faut s'y entraîner dès l'enfance. Les camarades sont meilleurs éducateurs que les parents, parce que sans pitié* ».

Pour ma part, concernant mes petits camarades, dont acte ! La coupe débordait. Et côté parents, j'ai appris à tout ravaler, sans les haut-le-cœur.

— Mais comment toute cette mélasse allait-elle macérer, à l'intérieur de moi, dans le temps ?

La bonne nouvelle est que ce bizutage vous forge à jamais, pour qui aurait mon profil. Il serait même fondateur pour cet individu-là. Concrètement, où se situaient mes zones de repli ?

L'humour, bien sûr ! si seulement j'avais su le manier pour tenter de diluer, d'atténuer cette peur éprouvée par l'autre.

Par exemple : inviter mes petits camarades, aux heures de récréation et singer la publicité du chocolat Banania des années 30. Le bémol : dans les années 70, les figurants-enfants y sont tous blancs. Je manquais donc de tout : de modèles pour m'identifier et surtout de courage pour me soustraire à mon statut de « harcelée ».

Un autre axe : imiter les pitreries de M. Henri Salvador dans son clip : « Zorro est arrivé », juste pour amuser cette galerie et traitreusement être cooptée, en qualité de membre permanent, de cet entre-soi exclusif et excluant !

Continuons le délire ! j'aurais pu aussi ronronner et même miauler, sous les papouilles de ces Sœurs, adulatrices, de ma tignasse cotonneuse !

Sauf que fâcheusement, encore aujourd'hui, mon égo et ma susceptibilité entretiennent une avidité triomphante sur mes rares tentatives d'auto-dérision.

Plus raisonnablement, j'aurais pu conserver la distance nécessaire pour faire front tous les jours et attendre bien sagement que la bêtise s'assèche.

Mais en fin de compte, ces stratagèmes auraient-ils suffi, selon vous, à une remise en cause profonde de toute cette « bien pensance sociétale » ?

A trois ans, faute de protection parentale éclairée et avisée, j'ai tout naturellement subi comme beaucoup d'enfants d'hier et d'aujourd'hui. J'ai juste accepté d'être un bouc émissaire, sans me plaindre et surtout sans jamais pleurer en public.

Comme vous l'aurez assurément deviné, dans mon ballot de trois années de vie, les hardes, les nippes s'entassaient pêle-mêle. Mon mince balluchon accusait déjà un imposant excédent de charge névrotique. Sans être une professionnelle de la psychologie enfantine, le montant du prix à payer, à terme, augurait d'être prohibitif.

Et pourtant, il eut juste fallu le signalement d'une maîtresse, d'une assistante sociale, à défaut d'un bon pédopsychiatre, pour alléger, un tout petit peu, mon fardeau.

Quelques indices physiques visibles auraient pu légitimement alerter ces institutions :

Au hasard : mon énurésie quotidienne sur ma chaise de classe était un persistant appel de détresse. Pas pour la communauté scolaire, c'était surtout une très grosse bêtise, à mon actif, mais certainement pas le signe d'un désordre psychologique infantile.

Conséquence directe : j'ai croulé jusqu'à trébucher souvent, sous cette portée traumatique, pendant tellement d'années…

— Pardon ! Mais je vous prends encore à témoin : un tel modèle de sociabilisation, subi quotidiennement par un élève, dès son plus jeune âge et dont l'attribut dominant obéit à sa mise à l'isolement par le groupe constitué, peut-il éroder notoirement son estime de lui ?

— Phosphorez, phosphorez, je vous laisse un peu de temps ! Et si, d'aventure, vous acquiescez à cette question. C'est que, d'abord, le désir ardent de ce jeune enfant de changer radicalement sa couleur de peau, ne vous offusquera pas. Et ensuite, celui de couronner sa tête d'une chevelure soyeuse, dans laquelle, le mohair n'accrochera plus les dents du peigne, ne vous indignera pas davantage.

Malheureusement pour moi, à portée de mains : aucune baguette magique, que m'aurait gentiment confiée « Ma Sorcière Bien-Aimée » pour substituer mon apparence ! Dommage…

Mais qu'à cela ne tienne ! A mon avis, beaucoup plus efficace et pérenne, une forme naissante d'intelligence situationnelle a éclot pour progressivement gagner en profondeur.

Elle a jailli, je crois, grâce à ces nuits blanches où les longues heures m'ont permis d'explorer toutes les échappatoires possibles. Trouver une solution contre tout ce qui était susceptible de m'abîmer, s'enracine assurément, dans ces premières années-là.

Aussi, « **ni une, ni une** » ! pour saborder le mécanisme insupportable de cette torture scolaire, mon inconscient a déclenché son « pilotage automatique » de survie, en se faufilant vers l'issue de secours des Urgences. La somatisation me réservera un lit dans l'antichambre de la maladie.

Dans mon chétif « VIDAL », le seul placébo, à effet immédiat, était de me faire porter « pâle », à double titre. Métaphore la plus adaptée au contexte ambiant du moment ! Deux années durant, sur les trois que compte la maternelle, des otites à répétition m'ont clouée périodiquement au lit, à domicile, entraînant une [1]hypoacousie, aujourd'hui.

Toute puissance de l'inconscient, comme je te loue encore et ne te remercierais jamais assez ! Mon esprit avait invectivé mon corps. La chronicité récurrente de ces infections a été mon salut.

Manifestement, j'en avais suffisamment entendu de certains. Mon niveau d'audition s'était significativement affaibli. Soit ! il est devenu mon armure contre une scolarisation classique.

Aujourd'hui, cela constitue encore une de mes thèses pour justifier cette audition imparfaite.

—Qu'en pensez-vous ?

Il est vrai et j'y adhère absolument : un amour inconditionnel de parents bienveillants aurait pu avoir des conséquences significatives sur la suite de l'histoire...

Vous voyez de quoi je veux parler : un cocon familial sécurisé, protecteur. Cette molécule miracle qui insensibilise ces maux de l'âme, qu'un petit enfant ne sait pas encore identifier.

Que nenni ! pendant ces longues convalescences, je n'avais qu'un garde-malade, à temps partiel : un père taiseux. Concernant ma mère, mes deux frères et ma sœur, ils s'étaient étrangement volatilisés, comme évaporés.

« Mais, où étaient-ils donc tous partis, sans m'emmener avec eux et sans même me dire au revoir ? »

---

[1] Hypoacousie : diminution de l'audition sans arriver au point de la surdité totale

Ma chute dans ce gouffre abyssal, noir, au froid sibérien a été interminable. Ma mère me manquait douloureusement, éperdument. Mon père, lui, était juste mutique.

Mère Teresa a mis les mots sur mon malheur d'enfant : « *le sentiment de ne pas être aimé est la plus grande des pauvretés* ».

Moi, j'étais une indigente au Royaume de l'**indiff**érence.

— Je me tourne encore vers vous. Au-delà des limites du soutenable, de l'endurable, pour un jeune enfant (je rappelle son âge : 3 ans), qui pourrait expliquer ce qui peut le retenir à la vie, en de telles circonstances ? Ou tout simplement, ce qui l'empêche de dévisser. Je ne le sais toujours pas.

Mais face à cette reddition parentale, c'est mon imaginaire, débordant et bouillonnant, qui a appuyé et soutenu ma demande virtuelle de transfert vers le service des soins palliatifs.

C'est fou de déclarer ça aujourd'hui : mais provoquer mon propre placement, en quarantaine, pour fuir le révulsif du traitement scolaire. Et dans un second temps, décider d'exiler mon esprit vers des paradis artificiels, pour que les chimères, la fantaisie de mon âme d'enfant, atomisent l'abjection de l'abandon de mes parents, a illusionné ma solitude.

Tous les jours, j'étais debout devant cette grande baie vitrée de l'appartement familial, vide, déserté.

Je ne pourrais poursuivre ce récit sans vous présenter cette équipe soignante dévouée, mes fidèles aidants familiaux. Elle était composée de compagnons de route romanesques. Ceux-là allégeaient poétiquement ce temps qui s'étire, en atténuant merveilleusement l'appesantissement des heures infinies que comptait la journée d'un travailleur d'usine.

Grâce à eux, mon désespoir a été tout bonnement enluminé.

—Qui étaient-ils ? un assortissement de boutons de robes, de pantalons, aux couleurs arc en ciel, d'épingles nourrice qui me racontaient, avec délice, leurs épopées héroïques. Des morceaux de tissus aux couleurs chatoyantes, trouvés dans la boîte à couture de ma mère, me désignaient pour lancer une nouvelle ligne de robes de mariée pour ma poupée…

Durant cet intermède brouillardeux, pleine face avec mon père, démuni, perdu, anéanti, ce petit groupe de complices fantomatiques a, vous vous en doutez, travaillé avantageusement au maintien d'un certain équilibre psychique, toute proportion gardée.

Car ces traumatismes d'enfance, et j'en demeure intimement convaincue, auraient pu être le siège d'une décompensation, dans ma vie d'adulte. Je suis toujours restée sur le fil, tel un funambule. Et, si chute, il y a eu, les mailles du filet m'ont souvent sauvée. Ce qui ne signifie absolument pas que mon cas n'aurait pas été un bon sujet de thèse pour les psychiatres ou pour les psychanalystes.

—Pour avancer dans cet épisode : les plus curieux, ne me demandez pas comment je me lavais, m'habillais, petit-déjeunais, déjeunais, je serais bien incapable de vous le dire.

Ce qu'il en reste, c'est que ce flash de la grande baie vitrée lié à cet incommensurable sentiment de solitude extrême est remonté à la surface, bien plus tard.

En effet, mon père vieillissant a levé le voile sur ce secret familial, lors d'une confession très laconique qui m'avait glacée. Mais pas lui, manifestement…Soyez patients, je vous en parle bientôt.

— Bon ! Réinvestissons ensemble cet appartement familial où j'étais livrée à moi-même. Le seul clic de la clé dans la serrure de la porte d'entrée était un enchantement.

Mon père, prenait sa douche, s'installait dans son fauteuil, lisait quelques pages de son journal « l'Équipe ».

Et là, encore, je reste pantoise ! Toujours dans l'incapacité d'expliquer comment un petit enfant peut ingérer cela aussi commodément.

— Vous savez, cette pulsion qui commande le cerveau, à votre insu.

Eh bien, au milieu de notre salon, je consignais qu'un avis d'interdiction de déranger ce papa, était planté. Une frontière conventionnelle physique qui me catapultait, au large de ses tourments de mari négligé, oublié là par sa femme. Si rédhibitoire, que je restais là, face à lui, tentant juste de glaner, de croiser un seul de ses regards, dans ce living-room, devenu gigantesque, pour nous deux.

Je pressais Bélinda, ma poupée blonde contre moi pour ne pas qu'il puisse entendre les chahuts de mon cœur éraflé, dévasté.

Pendant notre souper, le produit de nos chagrins s'entretissait, s'entrechoquait dans le concerto intimiste de nos « slurp » pour avaler notre soupe. Pourtant, la brûlure de mes pavillons enflammés se serait tellement apaisée de comprendre les raisons de ce no man's land familial.

Mais mon père, lui, restait muet. L'odeur du parfum de ma mère s'était définitivement évanouie. C'était un supplice pour lui comme pour moi.

C'est ici, je crois, que j'ai mis en bière, une grande partie de ma spontanéité, de mon insouciance et de mon innocence d'enfant, dans un mausolée face à une intimité familiale réduite à son strict minimum.

— Loin de lui en vouloir aujourd'hui, je solliciterai plutôt votre avis. Selon vous : était-il équipé pour gérer une telle situation ? Moi, je ne le crois plus depuis longtemps...

Cela dit, en miroir avec ce second épisode traumatique de ma vie, je m'aperçois que j'ai croisé la route de plusieurs adultes qui vivaient l'ennui, comme un inconfort palpable, accablant, écrasant. Ils ne se sentaient « bien » qu'en présence de ? Même un poisson rouge aurait pu faire l'affaire !

Me concernant, cet accident de vie m'a alignée, de manière excessive, sur ce sillon-là. J'ai coutume d'affirmer que l'ennui ne me frappe qu'en compagnie de surface, pour donner le change à coup sûr, aux observations, dénonçant, à tort ou à raison, mon anti sociabilité.

— Mais, bien réfléchi, ne serait-ce pas une de mes postures intuitives de défense, pour dénier que ce besoin de refuge, dans une solitude chronique, se justifie tout simplement par une de ces couches déséquilibrantes supplémentaires de ma construction d'enfant ?

— Voyez ! en répondre posément, entourée de votre bonté, c'est encore un nouveau pas vers moi. La honte d'avoir eu des parents différents ne me tuera jamais.

Et, pour la plupart d'entre nous, vous savez, ceux qui sont toujours en proie à une certaine forme de sadomasochisme, un peu comme moi, d'ailleurs : cessez de vous rendre responsable de ce qu'on vous a fait subir. Travaillez davantage à le bonifier, s'il tend à vous élever ou surtout à l'exorciser, s'il vous pèse.

Maintenant, opérons ensemble un focus sur ces dispositions naturelles conscientisées ou non, qui ont constitué mes efficientes protections, dans ma prime enfance. A mon sens, pour être complète, il faut en rajouter d'autres qui demeurent insondables.

Pour ceux qui y sont sensibles, je chausse mes lunettes de la spiritualité car à partir de ce prisme, j'ai tenté de décoder, mon parcours d'enfant, confronté à ces évènements de vie. Selon moi, la résilience, car il s'agit bien de cela, se déploie grâce à nos ressources personnelles, certes. Mais également grâce à d'autres facteurs. Appelons cela : la chance, le hasard, la bonne fortune.

— Certains plus que d'autres ont-ils une propension à les attirer ? Pas de réponse encore..

Mais cela dit, dans cette misérable existence qui m'a d'abord volé mon enfance, il semblerait que des anges gardiens m'aient, quand même, exposée à cette lumière chaude de la vie. Quelle que soit la situation, l'optimisme me met toujours sur orbite. C'est lui qui m'a aidée à m'évader de l'école et de l'espace familial qui auraient dû m'anéantir.

Encore aujourd'hui, le lumineux, dans toutes ces composantes, est une ressource vitale, pour moi. La grisaille d'un temps ou celle d'une âme me fragilisent ; un tempérament tourmenté, un ciel entre chien et loup m'angoissent terriblement, me déstabilisent, m'effraient même. La froideur d'un échange, une météo hivernale me panique, m'oppresse encore par instants.

En revanche, la belle luminosité d'un ciel d'été, les rayons du soleil un sourire accroché à un visage me rassérènent, me sécurisent, me remplissent. Seul, cet astre oriente ma rose des vents. Son éclat a toujours guidé généreusement mes trajets. Je suis reconnaissante pour celui ou celle qui, quelque part, a veillé un peu sur moi.

— Mais pourquoi donc cette lumière est-elle plus faible pour d'autres ? C'est tellement injuste…

— Allons, ne nous dispersons pas et reprenons le fil de l'histoire. Si ma mère a fini par réintégrer le domicile conjugal, ainsi que ma sœur et mes frères, l'anomalie de ma couleur de peau et consorts était toujours aussi embarrassante. Souvenez-vous, de cette délicieuse barre chocolatée « Bounty », qui semblait, a priori, me définir et dans laquelle on m'avait réduite, ignare (je parle de moi) encore de toute sa saveur !

Je n'ai pas inventé la machine à cambrer les bananes, mais s'il fallait trouver un responsable à mon handicapant complexe de couleur de peau, mon père serait bien en haut de la liste. A longueur de temps, il rabâchait, tel un humanoïde, ces messages fossoyeurs de l'identité de ses enfants et a fortiori, de la sienne.

Pourquoi, autant de considération donnée à cet accueil minimaliste de ses hôtes de la France, au port du Havre, un rigoureux matin d'hiver des années 60 ?

Car, entre nous, rien de plus, ni de moins que le traitement concédé, à n'importe quel travailleur immigré venu du Continent Africain.

— Comme vous y allez ! Riposteront certains d'entre vous !

— Oh ! Pardon ! Mille fois pardon, je me ravise tout de suite ! Je vois que vous me suivez assidûment et votre intervention est parfaitement légitime !

Effectivement, contrairement à nos Frères d'armes déracinés, comme nous, les Antillais disposaient, eux, du fameux sésame : la Carte Nationale d'Identité Française (CNI).

Mais très sincèrement, une situation qui pourrait prêter le flanc à l'ironie encore aujourd'hui ! La CNI est le document qui atteste seulement de l'identité d'une personne, qu'elle ait la nationalité de l'État qui l'émet (CNI), qu'elle soit étrangère mais résidant sur le territoire (carte de résident) ou qu'elle y séjourne ponctuellement (carte de séjour temporaire).

Pourtant, singulièrement, certains de ma communauté antillaise ont fait prévaloir le poids de la nationalité française sur la portée identitaire de leur racine nourricière ! L'Afrique.

— Certains ? Dénonces-tu, dont tu ne te reconnaîtrais, évidemment pas ? Juste un peu d'honnêteté intellectuelle, que diable ! Tu as très longtemps fait prévaloir, toi aussi, cette nationalité sur ton ascendance...

—Et, depuis peu, tu as enfin entériné que faire primer l'une sur l'autre correspondait, purement et simplement, à renier une partie de ton être...

— Car ne t'en déplaise ! Tu es la résultante d'un produit et certainement pas d'une soustraction. Continue d'avancer sur cette voie, c'est le meilleur itinéraire pour arriver à toi !

—Ah ! Ça vous amuse ce questionnement intérieur ? J'accepte vos sarcasmes mais je réclame légitimement un droit au contradictoire pour qu'il me soit concédé quelques circonstances atténuantes.

Pour ma mère, à la couleur de peau caramel, de par sa naissance au Venezuela, il n'y a jamais eu aucun déchirement entre le blanc et le noir : elle n'était pas noire mais pourtant elle se sentait viscéralement noire. Ses revendications s'inspiraient de toutes celles du peuple noir américain : « Noir is beautiful «.

Dans son esprit, ne pénétrait aucune des nuances de l'époque, aux relents d'un racisme qu'elle considérait comme « ordinaire » :

— « Non, mais toi, tu n'es pas Noire. Toi, tu n'es pas comme les autres « , lui disait-on !

Pour la société : il fallait minimiser l'inconfort d'utiliser le mot « Noir ». Ainsi, le recours aux dégradés semblait constituer l'amorti à une offense raciale, présumée à tort. A cet effet, notre famille livrait donc un vrai casse-tête pour ceux qui voulaient commenter la photographie de notre fratrie. Il est vrai que notre métissage aurait pu servir aisément la publicité de « United Colors of Benetton ».

Un fondu des couleurs de nos peaux, manié avec beaucoup d'embarras. Lisez plutôt…

Pour certains :

— Mes frères flirtaient avec le « Café au lait «

— Les autres honoraient le « Cacao-chocolaté «

— Mon père lui servait très aisément le « Petit Noir »

— Moi, c'était « la couleur café au lait mélangé »

Allez ! Je la fais. Je sais, elle est facile… Mais bon, je ne peux pas m'en empêcher !

— Bon petit-déjeuner ! Et ce matin, les croissants, c'est pour moi !

En revanche, et c'est la troisième circonstance atténuante, à l'inverse de ma mère, pour cette secte « pro-blanc », dont mon père était le Gourou et, dont j'étais l'exclusive fanatique, « le carton d'invitation « de Notre Mère Patrie, était brandi, comme s'il y figurait une date de péremption.

Mais dans ces conditions, si nous étions des Français estampillés sur le papier, pourquoi mon père nous imposait-il de telles sommations ?

À nous, tous ses enfants :

— « Ne faites jamais de vagues, vous m'entendez « !

— « Ne m'apportez aucun ennui « .

— « Ne vous faites surtout pas remarquer ! On est déjà Noirs « !

À ses fils :

Eux, qui tentaient désespérément d'aplanir, tous les matins, leurs broussailles hirsutes, de leurs petites mains maladroites, pour retarder la boule à Z, bien mal exécutée, par un père ou une mère qui s'improvisaient « coiffeurs-stagiaires en service auto-commandé».

Bref, le rituel de certains dimanches matin était le suivant : d'une voix brutale et sans appel, il ou elle les convoquait :

— « Allez m'attendre dans le cagibi, je vais venir vous raser la tête, car vos coiffures afros-là, ça fait sale « !

Au mépris d'une grande partie de la jeunesse qui se déhanchait, le samedi soir, sur James Brown et plus tard sur Michael Jackson...

Toujours à ses mêmes fils maintenant adolescents :

— « Allez enlever toutes vos tresses rastas, ça fait sale !

Les gens n'aiment pas ça «.

Pourtant, dans les radios, c'est bien Bob Marley qui donnait le la !

Visiblement, les partitions claironnées par ces modèles noirs, prônant la Négritude, ricochaient ostensiblement sur l'hémisphère gauche du cerveau de ce père. A un endroit, où sa résignation mentale était la plus enkystée.

Pendant son office, ma mère avait même fini par entailler gravement l'oreille d'un de mes frères…Simple dommage collatéral ! Mais, que diable !

Ce qu'il exigeait plus ou moins de ses enfants, c'est qu'ils soient tous « normés », à niveau avec la règle imposée par cette société qui revendique généreusement et insatiablement, la Déclaration de l'Homme, tout en récusant, parfois très polémiquement, sa multiculturalité..

Même régime sec, sans aucune dérogation, pour son épouse indocile :

— « Baisse le volume de ta musique ! Les voisins vont encore nous faire des remontrances ».

— « Je n'aime pas me faire toiser dans l'ascenseur ».

— « Pourquoi, tu cherches toujours à te faire remarquer ? »

— « Tu nous attires toujours des cancans et tu sais pourtant que je n'aime pas ça ».

Juste une petite pause pour réfléchir au positionnement de mon père.

— J'augure que cette pression « traditionaliste » imposée, devait heurter violemment, en coulisses, son aversion pour un ordre social établi visant à stigmatiser surtout les minorités visibles.

— Et, pensez-vous que cela aurait freiné ses injonctions tyranniques, de bon petit soldat, envers les siens ?

Absolument pas ! En voilà une illustration édifiante : nous avons tous été interdits d'apprendre ou de parler le créole avec eux et entre nous ! Alors qu'il était leur langue maternelle. Ironie du sort, tous ses enfants le comprennent…et même le parlent pour certains.

Encore une fois, cette langue était ressentie, pour le patriarche, comme une véritable honte. C'était encore pour lui, une langue sale ! Pourtant un des plus élémentaires piliers de l'identité d'un individu !

Paradoxalement, dans le fatras de ses contradictions, le naturel revenait au galop. Et des dimanches midi « bénis » en famille (avant leur départ, ensemble, à la messe), mes parents se levaient, aux aurores, s'affairaient pour nous cuisiner, un colombo de cabri-haricots rouges-dombrés (boules de farine) ou un blaff de poissons que nous savourions goulûment, à leur retour !

Aujourd'hui, les odeurs et les saveurs de la poudre de colombo, du clou de girofles, de la cive nous télétransportent, tous, systématiquement sur une des plages de sable blond de cette Martinique natale de mon père, que nous avons tous appris à apprécier que bien plus tard !

Dans ce même raisonnement alambiqué sociétal, traduit bestialement par notre père, notre couleur de peau n'a jamais été un sujet abordé. Implicitement, elle était considérée comme anecdotique alors que sur toutes nos photos de classes, notamment, nous constituions les uniques tâches de contrastes…

Honteusement et traîtreusement, mon père et moi, sa disciple maraboutée, nous avions dealé avec le diable ! Et vous le présumerez peut-être : Comme la lutte intérieure est féroce quand la tête adjure et que le corps simule !

— Alors, me hélerez-vous, qu'avez-vous fait de ce chambranle éducationnel parental ?

Égalité entre les deux géniteurs. La balle est restée au centre !

Je n'ai jamais su manier ma différence culturelle avec sérénité.

D'abord, j'ai puissamment ingurgité toute l'idéologie de mon Mentor. Et ensuite, j'ai tenté d'investir le « je-m'en-foutisme de ma mère », sans succès tangible.

Être parfaitement blanc, à l'intérieur comme à l'extérieur constituait la norme sociétale indiscutable. Le Noir constituait un désordre dans le panorama hexagonal. Médiatiquement, il n'existait nulle part, sauf à être exhibé dans des épisodes humiliants, dans lesquels personne n'aurait songé à s'identifier. Alors, pendant de longues années, mon père passera son temps à s'excuser d'être noir.

J'ai compris, très tôt, que le droit d'évoquer cette différence de pigmentation revenait unilatéralement à la majorité, par la voie de l'ostracisme, le plus souvent.

Et dans ma matrice déjà tellement fragilisée, éprouvée par une enfance malmenée, se charpentait une personnalité polie à ce qu'on attendait de moi, ponctuée de colères tsunamiques inexpliquées et inexplicables. Je me détestais, tout simplement car je n'étais pas blanche, contrairement à ma sœur et à ma mère.

À partir de cette enfance, si, par chance, quelques miettes d'estime de moi avaient résisté, je dis bien quelques miettes, le râteau et le grattoir se seraient brisés avant de pouvoir en récupérer une quantité, susceptible d'être mesurée.

Nous, qui débattons, depuis plusieurs pages, maintenant.

— Je vous interroge : qu'auriez-vous fait, à ma place pour affirmer votre identité culturelle ?

— Rien ! Ma Chère, c'était complètement foutu d'avance pour vous ! La société, votre père…

— Eh, bien, non… Le ressort de mon système de survie a toujours fonctionné. Souvenez-vous, cherchez et demeurez focus sur le halo de lumière…

J'étais parvenue à un âge de raison. Et, il me restait du potentiel. Mon faux départ, dans la vie, ne me disqualifiait absolument pas pour continuer la course…Je croyais en moi et j'avais déjà affronté et surmonté tellement d'obstacles.

S'extraire de ce chaos et mettre en perspective nos mauvaises fortunes familiales était devenu, juste, vital dorénavant. L'heure était venue de disséquer les fondamentaux du discours extrémiste d'intégration de mon père. Et à vue de nez, je sentais irrépressible de les ajointer à l'origine des motifs qui ciblent haineusement une minorité d'individus aux regards d'une majorité.

Séance tenante, pour que ma quête soit des plus agréables, j'ai suspendu, ce proverbe africain, à mon bâton de pèlerin :

« *Lorsque tu ne sais pas où tu vas, regarde d'où tu viens* ».

Et pour une certaine frange de la communauté antillaise, prise en flagrance, c'est sans aucun doute, la destruction de ces feuilles arrachées du livre d'Histoire, qui lui fait défaut pour regarder, comprendre et accepter ce passé en face.

Ce déni communautaire d'intégrer ce patrimoine historique racinaire, dans sa propre existence, pour cette génération-là, notamment, a effectivement bloqué voire coupé sa transmission aux générations futures, en particulier pour mes parents et pour ces parents vers leurs propres enfants que nous étions.

Pourtant, ce legs assumé, j'en suis quasiment certaine, nous aurait amarrés, lui et moi, et nous aurait profondément et solidement ancrés dans nos « Être (s) ». À coup sûr, si les Griots avaient survécu à l'épopée maritime du commerce triangulaire, le récit de mon histoire n'aurait pas revêtu la même urgence...

Bon, ce qui va suivre s'inscrit dans le sang ! Mais quels épisodes de l'Histoire de notre Monde se racontent en dehors des luttes entre les peuples. Je n'en connais malheureusement aucune.

Et, les Antilles n'y font donc pas exception. Elles ont été le chaudron ardent, dans lequel des millions de vies humaines arrachées à leur continent de naissance, ont été larguées, jetées, ébouillantées. La seule couleur de peau de ces déportés a suffi pour officialiser le Code Noir, soit l'Édit sur la police des esclaves.

Je l'ai découvert, il y a peu. Aussi, je me permets de vous en livrer quelques extraits :

<u>Articles 33-36 et article 38</u> permettent les châtiments corporels pour les esclaves, y compris des mutilations comme le marquage au fer, ainsi que la peine de mort (par leurs maîtres). Tout fugitif disparu pendant un mois (*marronnage*), aura les oreilles coupées et sera marqué d'une fleur de lys avant d'avoir le jarret coupé en cas de récidive, et condamné à mort à la deuxième récidive.
Il ne faut pas oublier que ce type de peine (marquage au fer, mutilation etc.), existait aussi en métropole dans les usages répressifs de l'époque.

<u>Article 44</u> : « les esclaves sont des meubles insaisissables »
Contrairement aux serfs, ils peuvent être vendus, légués, transmis et leurs reproductions s'opèrent par croît démographique, *sous l'autorité des maîtres.*

En consultant cette période de l'histoire de France, pendant près de quatre siècles, il est à considérer que ces déplacés ont été dépouillés de leurs identités géographiques, ethniques, culturelles et religieuses, en toute légalité. Un destin commun pour tous ceux qui ont vécu l'invasion des Conquistadors.

Voici très brièvement relatée, l'histoire tue par mes parents, honteux ou amnésiques, peut-être, de n'avoir été que des descendants d'esclaves. Sans doute que l'affirmation de M. Brasillach, en 1946, peut donner du sens à la substitution de cette clé du coffre, jetée dans le puits de l'oubli des Ultramarins :

« Ce sont les vainqueurs qui écrivent l'Histoire « !

Et certes, celle des îles caribéennes ou de la Guyane, notamment, est loin d'être glorieuse et flamboyante, selon certains manuels scolaires. L'étincelant se positionnerait plutôt du côté de Louis XIV et de son ministre des finances, M. Jean-Baptiste Colbert.

Mais au fil du temps, la voix des Vaincus s'ébruite, se dévoile, se colporte grâce aux réseaux sociaux. Chacun peut s'approprier ces évènements de notre passé. L'idée étant, ni de s'y soustraire, ni de les brandir amèrement ; seulement tenter de savoir ce que chacun d'entre nous peut en faire.

L'apaisement autour de tout contentieux se révélant toujours l'issue la plus efficiente.

À propos, me concernant, vis-à-vis de cette absence d'héritage, je peux vous confier que sa manutention inconsciente a été plutôt acrobatique car mes deux pieds sont en équilibre sur deux territoires géographiques, où la différence pigmentaire est un réel sujet.

Et oui ! Du côté hexagonal, je pécherai par mon physique un tantinet négroïde ! Et de l'autre côté de l'Atlantique, ma mentalité « blanche » me trahira toujours !

Et le vocabulaire pour décliner cette couleur noire, dans la Caraïbe, est certes moins « petit déjeûnesque » qu'en France, mais tout aussi cloisonnant pour les identifiés : mulâtre, créole chabin, métis chabin, chabin noir, chabin chapé, métisse, coolie, etc.

Ces appellations sont souvent absentes des dictionnaires universels français.

Nonobstant, elles continuent à véhiculer le « colorisme » dans la société antillaise : c'est-à-dire le classement des individus dans un ordre de grandeur en fonction de la clarté de leur couleur de peau.

Et vous subodorez parfaitement bien ! Il place les peaux identifiées, par le plus grand nombre comme les « plus noires » en situation précaire dans l'ordre social.

Ce rappel historique étant achevé ! L'objectif de mon propos ne sera certainement pas de rentrer dans des développements sur la grandeur de la France, sous Louis XIV et tout ce qui y a contribué, car ils seraient tout simplement inféconds à ma problématique d'identité « hybride ».

Ne négligeons pas, néanmoins, que cette histoire entre la France et le Continent Africain (et sous-jacent, toutes les populations en étant issues initialement), est une pièce maîtresse de mon puzzle, pour comprendre d'où sont partis mes parents.

Pour moi, elle aura constitué un marqueur capital pour nourrir et pour atteindre ce sentiment d'empathie envers eux, consubstantiel au pardon.

— Bon, maintenant ! Tentons une approche entre cet arbre généalogique écimé et le destin de mes parents et a fortiori, le mien !

- Mes parents ont donc traversé leurs vies en étant dépouillés de leurs Mémoires : c'est un fait.
- Leurs destins se sont construits, à l'aveugle, à neuf heures d'avion de leurs terres natales : c'est un choix.

— Pourquoi un tel choix ?

En 1963, le BUMIDOM (**BU**reau pour le développement des **Mi**grations intéressant les **D**épartements d'**outre-mer**) lance un programme d'émigration, vers la France, des populations des DOM, de la Guyane et de la Réunion, notamment.

La priorité gouvernementale : staffer toutes les administrations publiques de France, en employés, et en ouvriers. Pour les autres, des emplois de femmes de ménage chez des particuliers pourront leur être offerts.

Dans les Sixties, dans ces territoires ultramarins sévit une telle pauvreté qu'il ne s'agit plus, pour beaucoup, de tergiverser. Ce programme étatique est une véritable aubaine !

Loin d'être des nantis, mes parents ont embarqué pour ce voyage outre-Atlantique, sans retour immédiat, car le casting ne les avait pas retenus pour le Fonctionnariat.

— Voilà, livré brièvement, l'essentiel du décor. Et donc, avant de clopiner encore ensemble, une petite pause pour ce qui précède.

— Derrière moi, l'obscurité m'empêche de distinguer le tracé de la venelle empruntée par nos Anciens et devant moi, mes parents-éclaireurs, ne savent pas où ils vont, avancent à tâtons, même quand il fait grand jour…

— Vous avez parfaitement raison ! En conclusion, si je me lance, à vos côtés, dans un voyage à l'envers, il serait plutôt prudent d'acheter un billet aller-retour à partir de ce « Pays de mon Enfance », gare de départ, sachant que le terminus pourrait être « une certaine Paix de mon Âme », s'il m'est donné de l'atteindre.

Et, à vous, Madame Andrée Chedid, j'affirme avoir fait mien de ce dernier vers de votre poésie.

« Loin d'entraver ma marche, mon enfance m'a frayé chemin… »

1965 – 1970 : Bienvenue chez nous !

« L'enfance est un trou noir où l'on a été précipité par ses parents et d'où l'on doit sortir, sans aucune aide. Mais la plupart des gens n'arrivent pas à sortir de ce trou qu'est l'enfance. Toute leur vie, ils y sont, n'en sortent pas et sont amers « **Thomas Bernhard**

— Alors, selon vous, qu'est-ce que nous enseignerait cet adage ? Je note là, **M. Bernhard**, que le chemin frayé par l'Enfance pour certains, évoqué par Madame Chedid, précédemment, ne le serait pas pour beaucoup ! Je mesure et prends, quand même, ce risque. Je vais redescendre dans ce trou noir.

Et, j'espère y laisser, c'est le principal objectif, mon lot de peurs et d'amertume. Car ce sont des effets qui me lesteraient considérablement pour le voyage suivant : « sérénité de l'esprit ».

Débarrassée désormais de ce qui alourdit mes valises, inutilement, je retraiterai le superflu aux encombrants pour un voyage plus léger.

L'émotion me gagne. Normal ! Pour la première fois, je descelle la grille de ce trou noir, négligemment camouflée, il y a quarante-sept ans... Je suis aux abords de cette béance familiale putride où seuls des fantômes auraient pu survivre.

J'ai choisi ou peut-être réussi à m'en évader. Chacun d'entre nous, huit enfants qu'une éducation a dévastés, a organisé ses fugues respectives, avec les maigres moyens à disposition, à des âges où le lait maternel ne nous avait pas encore sevrés.

Mon grand frère, à qui je veux rendre un hommage d'amour, m'a toujours fait la courte échelle pour en sortir, quitte à être happé, englouti par l'apesanteur de ce caveau familial, à ciel ouvert.

— Comment ? Dès ma rentrée à l'école primaire, ce frère m'a défendue, bec et ongles, contre tous mes potentiels agresseurs. Même si les trois ans, qui nous séparaient, nous empêchaient, cycliquement, d'être dans le même établissement, sa réputation était rayonnante et dissuasive. Avant même de pouvoir m'identifier précisément, j'étais, envers et contre tous, la sœur de (…) et, comme par magie, un cordon sécuritaire s'édifiait autour de moi, instantanément.

Car nul n'ignorait que ce grand frère, même scolarisé, à des kilomètres, pouvait surgir, à tout moment, à la sortie des cours pour régler quelques comptes…

— Mais comment s'est-il imposé comme figure paternelle pour toute la fratrie ?

Encore l'indicible effet de cette intelligence situationnelle qui lui a permis d'identifier très rapidement les insuffisances de l'Homme qu'était notre père. Aussi loin que remontent mes souvenirs, il l'a toujours remplacé.

Il est devenu tacitement le garant d'une sécurité verbale et physique absolue et illimitée pour nous tous. Cette injonction de respect, non négociable, pour tout quidam, à mon égard, notamment, conquise et décrétée, par cet aîné, a considérablement augmenté le niveau de confiance en moi, c'est certain.

Plus aucun déchet organique pesticide pourrait venir altérer mon prometteur compost. Il me suffisait désormais de l'alimenter et de l'entretenir en prévision de moissons généreuses. Fini le grattoir et au diable le râteau ! Le temps de l'ensemencement était venu. Désormais, je guetterai l'abondance des récoltes.

Si je pouvais imager le soutien si précieux de mon bon génie, en ces temps hideux de notre enfance, il se traduirait ainsi : *« Ce frère a partagé sa bouteille d'oxygène avec nous tous. Car il a capté, d'emblée, que la fatalité nous avait tous placés sur la réserve. Aussi, en père-sauveteur réincarné, quand nos niveaux ont été épuisés, c'est en apnéiste qu'il nous a offert l'air qu'il stockait pour lui ».*

Stimulée par ce dévouement sans faille, pendant tant d'années, je n'avais pas le droit de le décevoir. Il fallait que tous ses efforts servent. Ainsi, tous les cordages, tous les lassos, toutes les cordelettes, envoyés par le hasard, par la chance, par les opportunités, même, ont servi à me hisser en dehors du néant familial.

Je les ai résolument harponnés. Je m'y suis suspendue et accrochée avec force. Et, j'ai tiré, tiré et encore tiré, sans ne jamais rien lâcher, jusqu'à ce que la lumière de ma propre vie ne m'éblouisse et finisse par m'aveugler, aussi. Le risque était prévisible !

Eh oui ! Toute l'énergie déployée et tout le temps qu'il m'avait fallu pour scier les barreaux du cachot parental, m'ont fait croire naïvement que dorénavant ma vie m'appartiendrait. Et qu'elle se déroulerait au pays merveilleux de mon libre arbitre.

En toute bonne foi, j'y ai cru longtemps. Selon moi, une seule défaillance des miradors sifflerait le top départ de ma course folle vers cette liberté-là. Sauf que ce que j'ignorais, c'est qu'en cellule, ma promiscuité avec la violence parentale m'avait contaminée. C'est un cancer qui irradie !

Oh ! Heureusement, cette maladie n'est pas incurable. Ses symptômes sont sournois, fielleux.

Au départ, vous percevez faiblement, au tréfonds de vous-même, le décompte du mécanisme de la bombe à retardement. Réflexe rationnel normal ! Vous vous autopersuadez que tout va bien puisqu'aucun mal physique n'est déclaré…

Sauf qu'insidieusement, le petit crabe crapahute, depuis longtemps, dans vos artères et votre sang est déjà métastasé.

Vous vous en doutiez un peu car certains signes avant-coureurs : une impatience incessante, des réactions disproportionnées, vous avaient interrogée. Et puis, un beau jour, le diagnostic tombe et dévoile implacablement l'étendue de votre mal-être.

J'étais une porteuse, a priori, saine, auprès de tous ceux que je m'ingéniais à vouloir berner. Une jeune femme équilibrée, certes au caractère plutôt affirmé, mais qui s'évertuait à cocher toutes les cases sociales pour être acceptée.

En vérité, cette jeune femme, que j'étais, fuyait, comme peste, le spectre large de la bipolarité de sa mère, de peur d'en avoir été congénitalement frappée.

— C'est vous qui piétinez ainsi ? J'entends vos petits pas impatients. Je comprends. Je tentais juste de gagner un peu de temps.. Vous êtes désireux de découvrir le décorum de la fosse familiale… Eh bien ! Le voici livré dans son jus.

Toute personne, sans être thérapeute, qui a pu croiser ma mère, dans son existence, pouvait rapidement repérer, attester que son mental devait être traité lourdement mais surtout très rapidement, en prévention des actes délictuels qu'elle était susceptible de commettre.

Selon les rumeurs de certains, en Martinique, elle a d'ailleurs été internée, deux fois. Une fois pour avoir agressé physiquement une voisine, à mains nues ; une autre pour avoir poignardé une personne considérée comme « hostile ». Sa réputation, au cœur du quartier où elle demeurait (le Canal Trénelle), quand elle était plus jeune, était qu'elle avait toujours une lame dissimulée dans son soutien-gorge.

Sans cesse, son vécu d'enfant et de jeune adolescente semblait resurgir des profondeurs des ténèbres, desquelles elle semblait s'être évadée. Ma mère était la rescapée d'une vie confisquée, par un père, qui l'avait kidnappée, à sa mère, à Caracas au Venezuela. En grandissant et en s'affranchissant, dès ses quinze ans, de la tutelle de son père et de celle de sa grand-mère paternelle, « Man Fifine », elle avait choisi la rue, comme terrain de jeu, avec tout ce que cela comporte de risques et de dangers pour une très jeune fille (15 ans seulement), dont la beauté physique était, selon elle, l'unique passeport pour Être et Exister.

Cela dit, aucun système médical ou traitement thérapeutique pour la soigner n'ont été opérants et aucune loi ne l'a jamais rattrapée : elle est toujours parvenue à s'en sortir...

Toute petite, je couvrais de baisers et de caresses, ma poupée blonde aux yeux bleus. Pendant nos longues conversations où je lui confessais tous mes secrets les plus profonds, je parodiais cette relation maternelle « fantasmée ».

Une petite voix intérieure résonnait lors de mes longs monologues d'enfant. Elle résistait, bien pelotonnée, quelque part, dans un recoin de ma tête. Elle a toujours défié tout ce qu'ont pu commettre ma mère et mon père, vis-à-vis de leurs enfants.

Plus je grandissais, plus ce cantique devenait audible. Ces petits psaumes répétés, insatiablement, me protégeaient contre le couple obscur, démoniaque, que formaient mes parents. Ces versets n'étaient certainement pas aussi construits, mais une idée fixe plantée, au forceps, dans mon conscient clopinait, ostensiblement.

— Je ne ferais jamais comme eux. Je ne serais jamais comme eux.

Belinda, ma seule popote aux cheveux dorés et au teint diaphane a toujours été la confidente de mes heures sombres. Serrée contre ma poitrine, je déposais, auprès d'elle, chuchotant à ses oreilles, toute la détresse et toute la souffrance, nées de cette disette affective.

Tout bas ou en silence, pour ne surtout pas blesser cette mère empêchée psychologiquement, qui aurait pu être vexée d'entendre mes complaintes :

— Belinda, tu sais, Maman t'aime jusqu'à la fin de l'univers et jusqu'à l'infini de la terre et du ciel.

— Car une Maman aime ses enfants tous les jours et pour toujours.

— Moi, ta Maman, j'adore embrasser tes joues joufflues.

— Est-ce que tu aimes quand je te câline ? car moi je ne peux pas m'en empêcher.

— Ne t'inquiète surtout pas, si tu pleures, je sécherai toutes tes larmes et puis je te consolerai et après je te cajolerai et encore après je te rassurerai.

— Chut ! Ne pleure pas ! Je suis là. Je veille sur toi, le jour et surtout toute la nuit car je sais que tu as trop peur quand il fait noir.

À y regarder de plus près, mes parents ont donné vie à huit enfants. Là, s'est arrêtée, tout net, leur parentalité. Tout ce qui adviendrait de leurs progénitures, ni ne les atteindrait, ni ne les concernerait. Les voies, pour certains d'entre nous, ont été très déviantes ; pour d'autres, les chemins de traverse, les ont conduits vers des aventures scabreuses ou extrêmes.

Et pour finir, dans notre foyer familial, manger à sa faim était aussi accidentel et anecdotique que de susciter un quelconque intérêt de la part de nos parents.

Dans la fratrie, enfant peureuse et effacée, j'avais opté naturellement pour le statut d'observatrice à partir du poste de garde familial : ma chambre, la salle de bains, la salle à manger...

J'en ai poussé les portes imaginaires et je m'y suis assise bien sagement. J'étais là, je ne bougeais pas une oreille.

Ce que je ne savais pas à l'époque, c'est que, parallèlement aux apprentissages scolaires classiques, à l'extérieur, j'étais inscrite, de facto, à l'intérieur, chez moi, à des cours de soutien « niveau très avancé » de l'école de la vie.

Au programme de notre « Koh Lanta » familial, une série d'épreuves physiques ou mentales d'où aucun ne se relèverait indemne. Et sur l'acceptation d'un risque parfaitement assumé, par nos chers organisateurs, un quota de blessés ou de morts n'était en aucun cas exclu.

Mes mémoires vives et mortes ont immortalisé une très grande partie des épisodes où l'appartement familial était dans un état de siège quasi permanent. Toute la bestialité, l'animalité de la misère humaine étaient à l'œuvre.

Durant ma participation passive à ces cours un peu particuliers, prodigués par des précepteurs cruels, j'ai appris à décrypter et à comprendre certains comportements humains : ceux de mes parents étaient particulièrement barbares, en cause leurs psychés respectives : traumatismes claustrés et emprisonnés de leurs enfances, mensonge, déni, manipulation, perversité, narcissisme et l'articulation de ces différentes composantes, au sein du couple, qui les conduisaient inexorablement au paroxysme de la violence intrafamiliale.

Les savoirs acquis, face à un tel échantillon d'individus m'ont, sans nul doute, prémunie contre une certaine naïveté vis-à-vis de l'humain. Aucune âme n'est complètement noire, mais aucune n'est exonérée des turpitudes de sa vie, non plus. En partant de ce postulat, la méfiance est de mise et ma confiance est accordée avec beaucoup de parcimonie.

— D'ailleurs, ne serait-ce pas encore un réflexe instinctif de défense naturelle pour cet enfant devenu adulte ? Je pose la question et je n'ai pas de réponse absolue sur le sujet.

— Je place juste ce petit argumentaire : si les parents n'assurent pas, a minima, cette charge élémentaire, prioritaire et fondamentale, que représente la protection de leur enfant. Et que cette responsabilité est déléguée, depuis le plus jeune âge, au « débrouille-toi, (plus prosaïquement « démerde-toi ») tout seul, car nous ne serons jamais là pour toi «. Il en est résulté pour moi, que de se sentir en confiance devient une véritable gageure.

Mais la question essentielle est de savoir si mes parents avaient d'autres choix. A priori, le « Non » catégorique et absolu triompherait ! Car comme beaucoup, ils se sont juste contentés de rejouer, à l'identique, l'histoire de leurs parents, munis de boites à outils, spoliées par un destin funeste, s'agissant des miens. Et pourtant, je le sais depuis peu, tout individu a, en lui, cette capacité de prendre, à contrepied, tout ce que la vie lui réserve du plus maussade au plus noir.

Ceci étant, pour ceux, pour qui la porte du pardon semblerait être encore condamnée, accordez-vous un peu de temps. Prenez ce petit sentier, à gauche, en sifflotant, la fleur au fusil et exploitez ce qui suit :

— L'histoire de tes parents fait partie intégrante, filialement, de la tienne ! Mais, tu n'es ni redevable, ni responsable et encore moins comptable de leurs actes ! Tu es ou a été leur victime.

— Pardonne-les et débarrasse-toi, dès que tu le peux, de cette pesanteur sur ton cœur et de cette rage qui dévore et pourrit ta tête !

— Ensuite, agis sur ton présent pour construire ton futur.

— Surtout, surtout, en toute occasion, demeure l'unique propriétaire de tous les droits d'auteur de tes choix de vie.

— Et enfin, chaque matin, en boucle, commence par cette petite phrase : la priorité, c'est moi et je vais m'aimer éperdument car personne ne saura le faire mieux que moi ».

Aujourd'hui, je contemple, assise près de vous, depuis les abords de ce trou noir, bouillasse, de ma construction d'individu. Mais, malgré ce qui va suivre, le panorama m'offre une vue large empreinte d'un toujours champ des possibles...

Votre vie a beaucoup plus d'imagination que vous. La déception, la frustration, l'acrimonie et la rancœur envers ces géniteurs sont des frusques usées, râpées, fripées et élimées, dont il est impératif de se débarrasser, très tôt.

Remplir son dressing de tenues méticuleusement choisies et savamment ajustées assure de se sentir toujours bien dans sa peau.

— Et, si le passé, votre passé se rebelle incessamment, alors un professionnel peut vous accompagner pour tomber la veste de l'enfance et enfin chausser vos parements d'adulte.

Car, certes Madame Andrée Chédid :

« Rien, jamais n'abolit notre enfance «
Ce à quoi, Mme Simone de Beauvoir de répondre :
Mais « l'enfant peut devenir un insurgé «

Et si je m'autorise à compléter ces deux adages :
« Aider vos enfants à s'opposer à toute forme de conformisme,
grâce au verbe, une arme très tôt, à leur portée et qui se révèle,
en tout lieu, éminemment lucrative ».

1971 – 1976 : Voyage au bout de l'Enfer

« Les enfants n'ont pas besoin de parents parfaits, ils ont juste besoin de parents qui les aiment et les guident » **Dave Willis.**

Au cœur de ces années soixante-dix, plusieurs enfants pourraient se reconnaître dans mon schéma familial se situant, quasi exclusivement, aux confins de la violence intrafamiliale et de la maladie mentale.

— De quoi je parle ? Je vous invite à être l'écho de mon questionnement sur les méthodes d'éducation parentale, les plus couramment subies, à l'époque :

— Quid de celle qui vous cogne la tête du pointu de son majeur pour vous faire rentrer cette action dans le crâne, accomplie trop lentement, du haut de votre très jeune âge ?

— Quid de celui qui vous tire par les deux oreilles, en vous décollant du sol, pour mieux se faire entendre ?

— Quid du secouement un peu vif de l'enfant en bas âge ou d'une empoignade par ses cheveux aux motifs qu'il serait trop récalcitrant ?

— Quid de prendre votre enfant comme cible avec n'importe quels ustensiles, à portée de mains, avec une nette préférence pour ceux qui sont contendants ?

Et quand la brutalité des coups est devenue improductive..

— Quid des carences alimentaires subies par une fratrie ?

— Quid des cris perçants récurrents d'une mère au bout de ses nerfs, à cause d'une charge mentale qui déborde mais surtout à cause d'un état névrotique qu'aucun établissement n'a pris en charge ?

— Quid des menaces psychologiques exercées sur un enfant pour qu'un parent arrive absolument à ses fins ?

— Quid de tous ces stratagèmes de manipulation, portés par une éducation, dont les tenants et les aboutissants, plus incohérents les uns que les autres, sont distillés au fur et à mesure, en référence à des matrices parentales licencieuses ?

— Et, dans ces années 70, pensez-vous que l'enfant est protégé, quand il va à l'école, par exemple ? Non, pas du tout. Cette tyrannie est relayée par tous les adultes, institutionnels ou pas d'ailleurs :

— Quid du coup barbare d'une règle en fer sur les doigts de l'enfant qui n'est pas suffisamment doué pour écrire à la plume et qui inonde de tâches, terrorisé, son cahier du jour ?

— Quid de la tête de l'enfant que l'instituteur va cogner, à plusieurs reprises, contre le grand tableau noir, car cet élève est complètement nul en maths ?

— Quid des railleries du maître d'école qui accompagnent chaque mauvaise note, distillées sadiquement, face à un public complètement conquis à sa cause, qui s'étouffe dans ses rires moqueurs. Ces mêmes quolibets qui préparent perfidement le lit du harcèlement dans lequel tous les plus faibles se coucheront.

— Et surtout quid de cette complicité malsaine entre parents et instituteurs qui conduit inexorablement à faire de l'enfant un être terrorisé, en permanence, même quand il n'a commis aucun acte répréhensible ?

Mais toute cette panoplie de sévices a-t-elle réellement disparu ou certains l'utiliseraient-elle encore sur leurs enfants ? Malheureusement, la réponse continue à me pétrifier.

— D'ailleurs, au fait, qui délimite les contours de cette forme d'éducation choisie par des tuteurs, a priori, bien intentionnés ?

— Existerait-il une liste complète quelque part et dans laquelle les parents pourraient piocher, à leur guise ?

Si elle existait, je ne la connaissais pas…

Car seul celui qui subit cette violence infligée par un adulte, pourrait en répondre, à partir de sa propre sensibilité, de ses angoisses et de ses peurs d'enfant.

Et si, comme moi, ce débat vous affecte : cet enfant, quand est-il consulté ?

— Disposerait-il d'une tribune qui contribuerait à proposer d'autres solutions que le châtiment ?

— Où peut-il déposer ses émotions dues à des paroles qui le choquent, le blessent, le cabossent, le choquent, le balafrent, sous couvert d'un humour ou d'une grivoiserie, dont seuls les parents comprennent le sens, parfois ?

— Comment intègre-t-il les changements de ton, d'attitude ou d'humeur de ses géniteurs qui impactent directement son mental, sans pouvoir en discerner la véritable raison ou encore même l'origine, souvent ?

— Et, enfin, comment négocie-t-il avec l'irascibilité éruptive de parents, qui font peser de tout leurs poids les affres d'une journée de travail, quand bien même aurait-elle été infernale ?

Votre enfant est votre buvard. Il est en quête permanente de votre amour. Il boit tous vos états d'âme et veille prioritairement à ce qu'ils soient toujours au beau fixe. Sa météo est conditionnée par la vôtre. Et quand la pluie, l'orage menace, obstinément, il se dévouera pour être foudroyé à votre place.

Pour nous, à l'époque, je ne suis pas certaine que les organisations de défense des droits de l'Enfant aient été aussi structurées pour informer les parents et surtout écouter la voix de l'enfant...

D'ailleurs, aujourd'hui, serait-elle plus audible pour toutes ces petites victimes réduites trop fréquemment au silence ?

Rappelez-vous ce fait médiatisé, après la mort de ce chanteur internationalement connu « Michael Jackson ». Il avait été révélé que son père l'avait maltraité physiquement, pendant son enfance.

Eh bien, je suis quasiment convaincue que la plupart des auteurs des actes envers leurs enfants, décrits précédemment, n'ont pas complètement ou pour certains, pas du tout, partagé la sidération des adeptes de l'éducation dite positive ou pas d'ailleurs.

— Ah ! Ah ! Ah ! Je vous entends murmurer « Mélancoliques » de cette éducation rétrograde :

— « Mais si Michael Jackson n'avait pas été autant rudoyé par son père, alors peut-être n'aurait-il pas eu le succès international qu'il a connu « !

Ainsi, à partir de ce type de thèse sur l'éducation, il en serait conclu que les bastonnades, les rossées, les raclées, reçues pendant l'enfance, nourriraient forcément, chez votre enfant, un talent pur, exceptionnel, une forme de génie, en quelque sorte.

Alors, nous concernant, je vous le confesse, en toute sincérité et en toute honnêteté : rien de prodigieux, ni d'exceptionnel n'est ressorti de ces relations familiales traumatisantes, dans notre fratrie !

Aucun Pavarotti et pourtant je vous assure qu'on a donné de la voix, sous la déferlante des coups ; ni d'Albert Einstein, qui aurait pu se régaler de cet excellent sujet de thèse visant à analyser les impacts, à court, moyen et long terme de la folie d'une mère sur ses rejetons et encore moins d'Arthur Rimbaud, malgré mes nombreux petits carnets secrets noircis !

Les violences intrafamiliales sont un réel sujet en France, toutes composantes géographiques confondues. Malheureusement, ce sont trop souvent les statistiques qui nous rappellent que c'est un véritable fléau…

— Face à des scènes apocalyptiques d'une vie de famille considérée comme « ordinaire », combien d'enfants en réchappent psychologiquement, quand ils sont abonnés, de force, dès leurs naissances, au « Carré Or » du huis clos familial.

Les conséquences de toutes ces violences ne sont pas palpables immédiatement.

— Et allez faire admettre à ces profils d'adultes, que de cogner sa femme, à coups de poing, abîme la candeur, tyrannise l'innocence, réprime l'insouciance de son enfant ; qu'il altère, à jamais, le Sacré. Surtout, lorsqu'on sait qu'un enfant, ni ne se plaindra, ni ne dénoncera la toxicité de son environnement de vie.

Cet enfant, votre enfant rangera tous ces évènements, sans une certaine précaution, dans une case secrète de son inconscient. Qui plus est, il défendra, âprement et férocement, son ou ses parents, d'une accusation de mauvais traitements, si elle les menaçait.

Entre mes parents, il n'y a jamais eu de communication apaisée. Ils ont été les fidèles reproducteurs des violences psychologiques et physiques, envers leurs enfants ; les mêmes sûrement dont ils ont été les victimes.

L'image d'un père étranglant votre mère ; le flash d'une femme qui blesse son mari, avec une arme blanche, pour se défendre.

Leurs ADN suintaient toute cette brutalité.

Elle dégoulinait très naturellement sur nous.

Dans ma fratrie, on a tous été élevés avec. C'était comme une musique d'ambiance. Les rares fois où elle s'éteignait, on s'interrogeait automatiquement sur l'anormalité du silence…

Il n'existait rien d'autre, alors, on s'en est accommodé très tôt et très docilement, pendant plus de quinze ans, voire vingt ans pour ma sœur aînée.

Très paradoxalement, cette violence n'a quasiment pas eu droit de cité, entre frères et sœurs. Comme si elle sacralisait, à jamais, un divin fleuron du sanctuaire parental.

Ce que j'étais loin d'imaginer, c'est dans quelle proportion, ce poison pouvait infiltrer la sève d'un individu et surtout s'il existait un moyen, à terme, d'en modifier le code génétique.

La réponse pourrait être affirmative : vous sauver de cette cascade de violence, par généalogie interposée, à l'instar de la génétique moléculaire pour de nombreuses pathologies. Pouvoir changer ou modifier un gène pour échapper à la maladie.

Car la violence en est une.

— Je sais ! Je sais ! Et je m'en suis aperçue. J'en ai perdu quelques-uns. Alors, sans être un As de cette technologie, je vais tenter de vulgariser et de transposer ce que je penserais pouvoir en faire.

Le mécanisme usuel ou le concept pourrait s'étendre aux enfants victimes passives ou non de la violence de leurs parents. Et c'est là que le transgénérationnel servirait d'indicateur de référence.

Quand cette maladie de la violence est transmise de génération en génération, n'y aurait-il pas un moyen qui permettrait de stopper sa transmission plutôt que de la laisser sévir sur des années voire des siècles, peut-être ?

Un des premiers objectifs serait de mesurer, quel ascendant l'histoire transgénérationnelle aurait-elle pu avoir sur le développement d'un enfant ?

— Voilà comment interviendrait la génétique moléculaire : je réinsère toutes les pages du testament controversé des Ancêtres dans la filiation des maltraités devenus maltraitants. Et enrichi par ce nouvel ADN, n'y aurait-il pas à espérer qu'il poindrait un espoir plutôt qu'une fatalité, pour les descendants atteints ?

— Puisqu'on réfléchit ensemble, poussons le bouchon encore plus loin. Désormais, fécondé par une généalogie entée, ce malade, potentiel, ne disposerait-il pas d'un espace de réflexion élargi pour renoncer purement et simplement à cette succession débitrice, faisant le choix, en toute conscience, de ne vivre que sur ces actifs créditeurs ? Et ainsi, tempérer voire briser la chaîne de transmission de sa conditionnelle violence à la descendance née ou à naître.

— Pour résumer : opérer un « reset » de la genèse de sa propre violence, si elle est réelle, permettrait à celui qui en est captif, d'agir, en amont.

— Que pensez-vous de cette thèse qui pourrait vous apparaître complètement farfelue ?

Pour mon cas, cela a fonctionné positivement car après plusieurs années, j'ai réussi à déconstruire cet enfermement mental, qui m'invitait à excréter toutes frustrations, par des coups portés à l'autre.

— Comment ? En intellectualisant cet irrationnel.

Comme dit précédemment, en décodifiant ce qui se jouait, à ces moments-là, en miroir avec le spectacle des crises de ma propre mère.

Cette posture a fini, en anticipation de mes délires avancés imminents, par tempérer voire stopper net l'éruption de la lave de mon volcan vis-à-vis de ce que je considérais comme des agresseurs : mes conjoints, par exemple.

— Je vous communique le secret de quelques recettes ! Ça, c'est cadeau !

— Clore toute conversation quand les verbes des protagonistes deviennent hauts.

— Tirer élégamment sa révérence lorsque le corps à corps verbal sommerait traîtreusement les poings.

— Apprendre à délimiter le périmètre de l'égocentrisme de votre interlocuteur pour éviter d'aller y livrer une bataille hasardeuse.

— En cas de désaccord, clôturez le débat par : Tu n'as pas tort et j'ai raison. Ou l'inverse, cela marche dans les deux sens !

— Et surtout, ne vous faites pas avoir ! Dans beaucoup de conflits entre individus, le recours à la mauvaise foi est quasi naturel. Pourquoi ? Car c'est un avocat commis d'office et malheureusement, pour ce type de dossiers, un des plus véreux...

Bref, je poursuis mon argumentaire sur le transgénérationnel.

Et le questionnement ultime demeure entier s'agissant du trait d'union, s'il en existait un, entre le traitement des esclaves pour ma communauté antillaise et la propension, pour certains membres de ces générations anciennes, à recourir aussi systématiquement au châtiment corporel ou mental.

— Je n'ai aucune thèse à opposer. Je réfléchis tout haut. C'est tout.

En tout état de cause, si un jour, ce rapprochement était établi, il ne viserait certainement pas à absoudre ces comportements mais à les étudier pour les soigner efficacement.

Bon ! Tout ce qui suit se déroule, dans les Seventies, à l'ère de la toute puissance de l'autorité de l'adulte.

Et, de manière sporadique, s'il y avait une tentative de rébellion, alors on mate vite pour qu'elle meure dans l'œuf.

Les parents étaient nombreux à banaliser cette éducation par les coups. Nous, nous attendions pétris d'effroi, lorsqu'une de nos bêtises arrivait aux oreilles de nos parents ; qui, d'une voisine ou bien d'une maîtresse d'école, du curé, qu'ils avaient croisés, avant de regagner l'appartement familial.

Commençons par ma mère qui dispense une réponse unique à sa révulsion de voir seulement exister « ses huit boulets ».

Ses châtiments étaient aléatoirement physiques ou mentaux ou les deux, en même temps. Aucune règle concernant ce choix. On ne savait jamais à quoi s'attendre. Notre seule respiration devait être un calvaire pour elle, tant elle télescopait sa soif de liberté. Elle nous lançait, sans cesse et surtout sans raison rationnelle, ses critiques, ses humiliations qui vous font claudiquer très longtemps après.

Bien entendu, la tortionnaire était particulièrement sadique.

Je vous sers un échantillon de son arsenal punitif. Elle disait, avec un regard glacé, vide, déshumanisé, à ma grande sœur, sa victime privilégiée, qui courait et dansait autour de la table de la salle à manger :

— « Comment peux-tu être aussi couillonne ? Regarde ta petite sœur (moi), elle réussit à l'école et toi, t'es tellement bête... Tu n'apprendras jamais rien « !

— « T'es un vrai moulin à paroles qui ne délivre que des conneries » ! Si tu fermais un peu ta gueule « !

Cette mère ajoutait :

— « Quand iras-tu te jeter sous un train pour enfin me débarrasser le plancher » ?

Plus tard, quand sans doute, ma mère a vécu la mutation du corps de cette fille aînée, comme une déclaration de guerre frontale à sa beauté de femme vieillissante, la vulgarité, l'obscénité des propos se sont révélées comme évidentes.

Et le seul motif rationnel à reprocher à cette sœur aînée est qu'elle était la copie conforme physique de ma mère : ce miroir tendu et dans lequel, ma mère percevait tout ce qu'elle ne serait plus jamais.

— « T'es qu'une salope « assénait-elle « ! Des propos qui lui avaient été très certainement adressés, jadis.

— « Tu n'es qu'une sale pute « ! Des insultes qu'elle a, sans doute, dû ravaler elle-même.

— « Tous les hommes te ... Dessus « !

Un comble pour cette femme qui avait fait « tapis » de sa beauté physique et de son auxiliaire : la séduction. Certains qui l'ont croisée, ont déclaré qu'à l'identique de la plus célèbre, notre Esmeralda, aurait pu faire se soulever des soutanes. Elle était rétive à toute forme de puritanisme dans cette minuscule île de la Martinique où les commérages sont légion.

Et une jeune fille de vingt ans, mère de six enfants (dont un décédé), sans être mariée alimente de croustillants articles pour la gazette locale. Mon père, le seul, l'a aidée, l'a soutenue, l'a mariée même si pour toutes ses maternités planait le risque de : « Maman sûre ! Papa, peut-être. »

En pénétrant ce tableau familial, entre souffrances et douleurs qui aurait pu inspirer Frida Kahlo, nous savions jauger, dès passage de notre tête passée, dans l'encoignure de la porte d'entrée, la qualité du climat qui nous ferait suffoquer une partie de la soirée et pendant cette longue nuit.

Les odeurs y étaient souvent pestilentielles. Les premiers rentrés informaient discrètement les suivants, d'un seul signe de tête, oppressés par ce suspens pesant et dont chacun en connaissait le dénouement.

 La seule inconnue était :

— Sur qui s'abattrait la tornade ce soir ?

— Lequel d'entre nous se ferait défoncer ?

— Pour quel motif : nous passions tous en revue ce que nous aurions pu faire, dans la journée, susceptible de déclencher une nouvelle tempête ?

— Au fait, fallait-il un motif pour étancher la rage naturelle de ma mère ?

Croiser subrepticement son regard et le convertir immédiatement sur son baromètre de fureur alertait sur le niveau d'intensité de folie et de férocité qui déferlerait dans les minutes ou dans les heures qui suivaient. Son échelle de Richter foulait très fréquemment des forces de magnitude extrême.

Ainsi, quand ma sœur s'ingéniait à lui tenir tête, bravant impunément son niveau d'acceptabilité anorexique de la répartie naïve de l'enfance, ma mère pouvait lui décocher perfidement une avalanche de gifles, pleine face et d'autres coups, toutes parties du corps confondues ou tenter de l'étrangler. Il est souvent arrivé, à ma sœur, de perdre momentanément connaissance, son esprit s'absentant pour se protéger, sans doute.

Non contente d'en avoir fini avec cette enfant, elle pouvait du haut de ses 75 kilos, monter (en créole, on traduit plutôt par « danser »), pieds joints, sur ce corps amaigri et inerte de 20 kilos, la mettant hors d'état pour lui nuire, sans doute, selon la sanguinaire.

Spectatrice, à mon insu, de cette course-poursuite qui s'opérait entre elles, j'étais tétanisée, sidérée mais surtout interdite par l'horreur. Car dans le regard psychosé de cette mère, à ces instants, j'y actais, sans aucune controverse, sa pleine capacité à tuer toute personne qui interférerait, perturbant ainsi sa mission destructrice.

Je n'ai, d'ailleurs, jamais tenté, quoi que ce soit, pour intervenir ou pour aider mon aînée. Ce qui se jouait entre elles me dépassait. Je restais blottie à l'intérieur de mon poste de garde, épouvantée.

Pour ce qui s'agit des pompiers. Je ne sais pas qui les appelait. J'ai fait un black-out. Ma mémoire a juste imprimé l'évacuation du corps contusionné de ma grande sœur, sur une civière, trop faible pour se relever.

Les voisins peut-être ou bien le bourreau lui-même.

— C'est curieux, j'en sens quelques-uns d'entre vous un brin perplexe…

— « Les pompiers viendraient, suite à des scènes de tentative d'homicide et il n'y aurait aucun rapport, aucun signalement. La police n'est pas dépêchée sur les lieux. Les voisins, auditeurs privilégiés des cris perçants et persistants des enfants, des récurrentes disputes conjugales, n'ont donc jamais alerté un quelconque service social « .

—Alors, je vous le dis en vérité : la réponse est NON... Personne n'est jamais venu à notre secours !

Concernant mes frères, beaucoup plus vindicatifs et plus turbulents que, nous, les filles, les mutilations ont parachevé la liste de l'arsenal des maltraitances maternelles :

La boursoufflure d'un café bouillant sur l'épaule de mon grand frère (10 ans) ; les cloques sur le visage d'un de mes petits frères (7ans), ébouillanté par une casserole d'eau, qu'elle s'était appliquée à porter à ébullition et sans qu'à aucun moment, sa rage ne s'estompe ; le coup de couteau dans l'aine de ma sœur (12 ans) constituait, certes, des indices graves mais insuffisants, manifestement, pour que les institutions, en charge, n'interviennent.

Quel regret que la loi n°293, entourant les maltraitances des mineurs, en France, n'ait été promulguée que le 5 mars 2007...Car il est notoire qu'elles ont toujours existé et anéantir ce fléau en est toujours aux prémices.

Enfin, si tant est, que ses multiples tentatives pour nous anéantir aient échoué, elle nous a ouvert « très grande » la porte du domicile familial pour qu'on déguerpisse au plus tôt. Ma sœur, en quête d'un amour maternel qui, ô grand Dieu, jamais ne se fera jour, a tenu, comme je vous l'ai dit, jusqu'à ses vingt ans, aggravant ainsi un passif d'enfance déjà traumatisé.

— Ah, oui, c'est, sans nul doute, le moment de vous révéler où ma mère se cachait et où étaient ma sœur et mes frères, durant plusieurs mois, lorsque mes tympans se sont mis sur « pause », vous vous en souvenez ?

Eh bien, elle s'est soustraite volontairement à ses responsabilités. Elle s'est éclipsée d'une vie qui l'assaillait gloutonnement. À chaque fois que sa charge mentale lui paraissait trop lourde. A chaque fois, qu'elle considérait, unilatéralement, que son déficit de plaisirs était insupportable, elle partait se distraire, s'amuser, s'encanailler. Ainsi, elle faussait compagnie à son conjoint et en toute logique, à ses enfants.

Dans ces situations d'abandon, appelons un chat, un chat, une assistante sociale était dépêchée, en urgence, sur les lieux. Mon père admettait qu'il était en mesure de garder l'enfant le plus jeune : moi.

Mais pour mes deux frères et ma sœur, il demandait qu'ils soient confiés momentanément à l'Assistance Publique (anciennement la DDASS), dont une des bases se situait à Denfert Rochereau, à l'époque. À l'issue de ces placements cycliques, chez des hôtes plus ou moins bien intentionnés, ces trois enfants étaient replacés, très méthodiquement, dans leur famille d'origine.

En ces temps-là, si j'avais trois ans, mes frères en avaient 8 et 6 ; ma sœur, elle, en avait 7. Inutile de préciser qu'ils n'étaient pas plus informés que moi des tenants et des aboutissants de leurs sorts respectifs.

À partir de toutes ces fractures psychologiques, quelles étaient nos chances de devenir des individus équilibrés ?

— Je vous le demande.

S'agissant de mon père, dans ses maltraitances administrées, sans vouloir l'excuser, je me suis souvent demandé :

— S'il n'avait pas été aux ordres de la meute de hyènes, qui hurlaient, depuis l'extérieur ; ou le bras armé de sa femme, à l'intérieur, aurait-il moins sévi ?

— Comment se débrouillait-il avec sa conscience, pendant les châtiments infligés ?

C'était un homme prévisible qui interagissait avec ce que la société attendait de lui. Quel homme était-il ? Au premier regard, un homme insignifiant. Mais le choix de ses vêtements, l'harmonie des couleurs, ses chapeaux et ses chaussures tendance, lui conférait une certaine élégance. Et ainsi, endimanché, sa valeur d'homme devenait proportionnelle à la fierté d'avoir à son bras, ma mère. J'avais aussi découvert, sur le tard, qu'il disposait d'une capacité à charmer son entourage, par un fin sens de l'humour.

Du point de vue de son rôle d'éducateur. Il était un père démissionnaire. Il aura toujours exhibé sa carte maîtresse : la Suisse. Et, s'empiffrant de cette neutralité légendaire, il ne nous a jamais protégés, ni contre sa femme, car, comme nous, il craignait pour sa vie. Et il avait raison. Ni, non plus contre les autres.

Recensons les bêtises relayées par la horde d'informateurs qui balançait minablement. De quoi parle-t-on ?

—« Monsieur, je voudrais vous dire que votre fils, le plus turbulent d'entre eux et sans aucun doute, le plus insolent, claque violemment toutes les portes du hall de l'immeuble. Il le fait exprès « !

—« Monsieur, votre fille aînée fait des crises de nerfs à l'école. Elle est incontrôlable et aucun référent scolaire ne sait gérer cela. En plus, elle fait peur à tous ses camarades « !

—« Monsieur, vos deux fils ont l'air d'être atteints [2]d'encoprésie. Vous devriez les faire consulter ». C'est vrai, enfin ! Les odeurs sont très gênantes pour l'ensemble de la classe. De plus, vous ne leur donnez aucun change ».

« Ici, c'est l'école, ce n'est pas le Secours Populaire ! Tout cela dérange la classe, vous pourriez faire quelque chose, quand même !».

— Replongez avec moi dans le contexte ambiant du moment : l'adulte a, a priori, raison et, à cet égard, il a le droit de sévir. Et cela s'applique à n'importe quel adulte, se trouvant à proximité immédiate d'un potentiel jeune coupable. Il n'existe, évidemment, aucune présomption d'innocence ; et le droit du contradictoire est parfaitement exclu.

Au plus bas de sa liste des sanctions, pour mon père, cette tape était ressenti comme « amicale ». Il avait l'air, je crois, de l'affectionner particulièrement, quel que soit l'enfant à redresser.

De par son caractère répétitif, on aurait pu la considérer, comme un geste affectif. Sauf qu'il n'y avait pas photo entre un élan de tendresse et elle, tant elle capitalisait toute sa brutalité.

Elle était administrée, lors de nos passages, au plus près de lui, notre main au-dessus de notre tête, pour en alléger l'impact.

Je pense, sans aucune assurance, que lorsque la bêtise était identifiée, sans être véritablement qualifiée, cette agilité à faire

---

2 Encoprésie : forme d'incontinence fécale chez l'enfant de plus de 4 ans ou chez l'adulte

ripper vigoureusement sa paume de main sur nos crânes ras, était estimée, comme suffisante, à la réparation du dommage.

L'état d'esprit de l'exécuteur était, évidemment, un indicateur déterminant. A certaines infos lâchées par les mouchards du coin, l'urgence était d'exulter toute l'humiliation ressentie, face à un autre adulte, qu'il considérait comme supérieur à lui, car, « blanc », enfin, je le suppute.

—Quelle était sa réaction, toujours plaquée à vif sur le soi-disant forfait, sans le moindre effort de discernement ?

— « Je vais vous dresser, hurlait-il », avant de déverser, tout son avilissement d'homme noir, sur nos frêles et maigrelets corps d'enfants.

— « Allez-vous déshabiller et m'attendre dans votre chambre ». Il déboulait, tel un robot, avant d'asséner brutalement ses coups, de sa main lourde et sèche. C'est seulement au bout de ses forces que notre calvaire prenait fin. Le volume de décibels de nos cris et de nos pleurs avait plutôt l'air contreproductif.

—Ou encore, « allez-vous mettre à genoux, (*sur le carrelage ou sur la moquette rase de nos chambres)* jusqu'au moment où je vous autoriserai à vous relever ». Cela pouvait durer une éternité pour les enfants que nous étions.

Enfin, chez lui, il devait, obligatoirement, assouvir toute la cruauté de sa femme, à partir d'une liste de bêtises le plus généralement diffamatoire. En mari éperdument épris de cette beauté machiavélique, une seule gouverne : « *ce que Femme veut, Dieu le veut* ! ». Et tant pis pour St Thomas qui ne croit que ce qu'il voit, de toute façon, il y aura un châtiment corporel pour tout ce qui va suivre :

- Casser n'importe quel objet ou élément de la maison : verre, assiette, miroir, etc.
- Ramener des mauvaises observations, mauvaises notes sur le carnet de liaison.
- Avoir déchiré ses habits, abîmé ses chaussures.
- Avoir contesté un professeur pour une parole ou un acte que mon grand frère avait trouvé injuste, alors qu'il était Chef de classe. Utiliser tout son discernement d'enfant revenait, à l'époque, à manquer de respect à un adulte !
- S'être battu et s'être fait coller pour avoir défendu ses petits frères ou ses sœurs.
- Ah oui ! Le crime de lèse-majesté : avoir contesté ma mère, qui lorsque nous avons grandi, avait de moins en moins de crédibilité auprès des plus grands frères.

N'allez surtout pas penser qu'il était en reste pour les outils de torture. Quel accessoire répressif préféré accompagnait ses explosions de barbarie, envers ses fils. La classique ceinture avec boucle que leurs petites jambes tentaient d'esquiver, en sautillant, à chaque impact. Les marques rouges boursouffleraient leurs cuisses durant plusieurs jours.

Comment alors ne pas comprendre que nous étions tous au cœur d'un duo démoniaque et que quoique nous fassions, à leurs yeux, nous serions toujours coupables.

Or, l'injustice est un marqueur que les enfants repèrent très tôt. Mes frères étaient devenus des « petits hommes ». Et leurs peurs de ce père se sont transformées en résistance physique aux coups. Non pas que ceux-ci ne fussent pas douloureux, mais selon eux, c'était un moyen de déclarer que sa bestialité avait de moins en moins de prise, sur eux. Pour mon père, il ne s'agissait plus de mater des enfants, mais de corriger de l'arrogance, de l'insolence qu'il qualifiait de « manque de respect ».

Ainsi, j'ai assisté à la portée d'une droite, d'un boxeur poids lourds, s'écraser sur le visage juvénile, à peine stupéfait de mon jeune frère. Le sang avait giclé aussitôt de son arcade sourcilière, mouchetant les carreaux de faïence jaune et le miroir de la salle de bains, de grosses gouttelettes rouges. Sa tête avait obliqué sur la gauche. Il était sonné.

J'avais senti une larme perler sur ma joue.

Mais, pétrifiée, mes deux pieds scellés solidement dans les lattes du bois du parquet du couloir, j'étais restée là, sidérée.

J'avais ressenti sa blessure dans toute ma chair, témoin, encore malgré moi, de la cruauté humaine.

Lui, ce petit frère avait garrotté toute émotion, toute réaction. Il a continué à apprêter ses cheveux avec son peigne afro, imperturbable, face à l'assaut qui avait précédé.

Selon lui, ce père devait comprendre que sa brutalité physique avait aboli toute la fierté qu'il aurait pu lui porter. Et, cet œil au beurre noir et ces ecchymoses persistantes sur ses joues, n'atténueraient, en rien, sa détermination à défier l'autorité parentale et encore moins à continuer à fuguer du domicile familial.

Il n'avait que onze ans…

Enfin, un jour que ma mère avait bien aiguisé la colère de son conjoint, grâce à des humiliations avilissant fallacieusement son autorité de père, il avait demandé, à mon grand frère, de se déshabiller et de l'attendre dans le cagibi, placé entre la salle à manger et nos chambres d'enfants.

Ce dont je me souviens, c'est d'avoir croisé dans le couloir, un agent d'exécution à l'œuvre, shooté à une volonté et à une détermination sur vitaminées de démontrer son niveau de virilité, aux yeux d'une épouse manipulatrice, à la perversité narcissique...

À tout jamais, le bruit des impacts du nerf de bœuf, sur le corps de mon héros et l'écho de ses gémissements, à peine étouffés, infesteront ma mémoire.

— Quel être humain pourrait justifier que les sorties de route du cadre éducationnel qu'un enfant, qu'un adolescent choisit d'emprunter, pour grandir, mériterait de tels châtiments de la part de ses parents ?

Personne, je crois... Nous étions juste des enfants en mal d'amour de leurs parents !

Et ce qui est fou, c'est qu'à l'époque, j'ai considéré, à tort que mes géniteurs avaient entièrement raison car élever huit enfants n'était pas facile, reprenant insidieusement la rengaine de ma mère. Aviez-vous conscience que le conditionnement parental est, à ce point, puissant, omnipotent tout au long de notre existence ?

A plusieurs reprises, j'ai donc sommé ma sœur d'arrêter de provoquer ma mère. Alors qu'il s'agissait, pour elle, d'attirer l'attention de cette mère, indifférente. Les coups valant preuves d'amour, pour cette aînée.

Et j'insiste, de nouveau, sur l'absence des institutions référentes pour la protection des enfants : comment ne pas qualifier juridiquement les agissements de mes parents par les hématomes sur le corps de ma sœur ? les plaies béantes, mal soignées, de mes frères ?

Cette violence intrafamiliale sautait aux yeux de tous : voisins, pompiers, référents scolaires, policiers, même. Et, alors ? Ils ont tous détourné leurs regards.

Eh bien, à partir, sans doute, d'un tel déni institutionnel, je me suis inconsciemment inscrite, pendant longtemps, dans un parcours où l'agressivité et/ou la violence verbale seraient consacrées, en mode primaire de communication avec les autres.

Aujourd'hui, je suis une grand-mère et c'est bien au nom de ce passé d'enfant maltraitée que je pilonne avec beaucoup de légitimité et de force.

Le châtiment, quelle qu'en soit sa forme, subi par un enfant, régulièrement, à haute dose et dès son plus jeune âge, constitue une arme invisible qui atteint et percute violemment son Être, et plus gravement son humanité. Tel le rouleau compresseur, il déforme, il enfonce et en dernier lieu, il peut vous briser.

Me concernant, j'ai hérité des boîtes à outils dégarnies de mes parents pour rentrer dans ma vie. Je les ai longtemps ignorées, snobées même.

— A partir de ce déni, quels moyens, ai-je mis en œuvre pour construire mon futur, en réaction à ce passé de calvaire ?

— Comment cautériser fermement et durablement les cicatrices des sévices que mon âme a mécaniquement intériorisés ?

— Comment vais-je m'y prendre pour éviter qu'elles ne se rouvrent, à mon insu, quand je serai une adulte en charge d'une famille ?

Aujourd'hui, une réponse assez immédiate s'impose car je connais la fin du film.

— Il eut fallu que je dispose d'un focus plus large, en pénétrant dans ma vie d'adulte. Avant de faire couple et de donner vie, j'aurais dû commencer par débiter les branches parasitées de mon arbre généalogique.

— Pour ce faire, il eut fallu que mon sentiment de mépris à l'égard de mon ascendance directe soit moins vaillant.

— Il eut fallu également que mes exigences envers moi-même s'échouent plus souvent sur les fondations encore trop naissantes de mon humilité.

— Ah ! vous revoilà ! J'entends vos murmures à peine voilés. C'est juste et vous avez raison : quand la vie s'est déjà déroulée, il est beaucoup plus facile de proposer des actions correctives….Mais, ne vous y trompez surtout pas : le temps qui passe n'est jamais le bon motif pour y renoncer.

À **Dave Willis**, **Arnaud Deroo** répond :

« L'enfant n'a pas besoin de parents parfaits,
Mais de parents authentiques qui reconnaissent leurs erreurs
en s'inscrivant dans leur envie de changer «…

1977 : L'Affranchie

« *Il n'y a qu'un nombre limité de traumatismes qu'une personne peut supporter, jusqu'à ce qu'elle descende dans la rue et commence à crier* » **Woody Allen.**

J'ai seize ans maintenant. Je suis dans cette rue. Et j'hurle et vomis toutes les souffrances vues et vécues dans cette cohabitation traumatisante imposée par mes géniteurs.

Car avant d'aborder cette vie d'adulte, il n'est pas possible de faire l'économie de cette période transitoire : entre le départ du domicile familial et l'entrée dans ma vie de responsabilités à l'égard de mon conjoint et de mes enfants, à naître.

C'était un matin ensoleillé de l'été indien de l'année 1977. Je pleurais encore dans mon désespoir d'adolescente, la mort subite de Mike Brant, deux ans auparavant.

Les pertes d'êtres considérés comme « chers » vont prolonger et intensifier ma tristesse ambiante et ma mélancolie naturelles : Maria Callas, qui a partagé toutes mes peines, et Elvis Presley, qui a libéré mes inhibitions, vont également me quitter.

Ce sont ces évènements qui guident ma mémoire pour vous raconter ce qui va suivre.

A priori, le calme relatif de la veille de ce matin-là, aurait dû augurer un réveil paisible pour tous. Mais, chez nous, aucune règle. À l'orée de cette journée plutôt ordinaire, la furie de ma mère m'avait plébiscitée. Elle rugissait telle une lionne dont elle empruntait si souvent les apparats :

— « Je vais t'apprendre à raconter notre vie, à des gens qu'on ne connaît pas ? » hurlait-elle d'un créole sec qui se fondait, à peine, dans ses grognements. »

D'une seule main sous ma gorge, elle sortit du lit le petit animal épouvanté que j'étais, me rouant de coups de pied dans le dos et dans le ventre.

J'avais été capturée à vif, j'étais incapable ni de me débattre et encore moins de me défendre, tant l'assaut matinal avait été brusque et violent et la torpeur du sommeil profond encore bien réelle.

Je suis parvenue à me réfugier dans les toilettes proches car quelqu'un avait sonné à la porte. C'était mon père, revenant du bar-tabac où il pariait, au tiercé, tous les dimanches. Cette sonnerie m'a évité le pire, je pense car c'est elle qui l'a vraisemblablement sortie de cet état de folie qu'elle nous donnait à voir, depuis que nous étions enfants.

Je les ai entendus discuter ensemble : de l'objet de sa névrose soudaine ? Rien n'est moins sûr ! Ou de tout à fait autre chose, plus certain. Les toilettes étaient beaucoup trop éloignées pour entendre le contenu de leurs échanges.

Je suis restée prostrée là, pendant un long moment ; je ne me souviens plus combien de temps. J'ai entendu ma sœur tapoter à la porte, me prévenant que la voie était libre. Ma mère était partie acheter du pain pour le petit-déjeuner. Je n'ai même pas de souvenirs de larmes qui coulent, mais juste une situation de très grande urgence à traiter.

Commotionnée dans ma chair, choquée dans mon âme, j'ai regagné ma chambre avec une seule idée : je dois absolument sauver ma peau. C'est tout de suite, sinon demain elle me tuera. J'avais ressenti toute sa haine, la pleine intensité de sa hargne, le plein potentiel de son acharnement absolu à faire mal. Rien, ni personne ne pourrait jamais l'arrêter.

J'ai alors ramassé quelques affaires, à la hâte dans un sac en plastique, à portée. Dans ma tête : une seule question tournait en boucle…

— De quoi auras-tu besoin pour ne plus jamais revenir ? Je m'entends me répondre : Ah oui ! Il me faut des culottes ! En écho au conseil récurrent de ma mère dont je n'ai jamais bien compris les ressorts.

— Toujours sortir avec une culotte propre !

J'ai déverrouillé ma porte de chambre le plus délicatement possible pour ne pas alerter ma mère. Je ne savais pas si elle était, de nouveau, dans l'appartement, ou pas. Si j'étais décédée, ce jour-là, il est très probable que les légistes auraient pu en conclure que la cause de ma mort résultait du syndrome du cœur brisé.

Ce long couloir qui me séparait de la porte d'entrée ne m'a jamais semblé aussi interminable. Le calme était manifestement revenu.

Côté droit du couloir, comme tous les samedis, tel un bookmaker, ma mère était plongée, dans ses journaux, en pleine analyse des pronostics hippiques, pour les courses du lendemain.

Aujourd'hui, cela pourrait faire sourire…Car si j'avais relaté la scène de violence qui avait précédé, personne ne m'aurait cru. Même moi, je ne me serais pas cru d'ailleurs !

À mon passage, elle a, légèrement relevé la tête, en grommelant ses derniers résidus de folie, toujours en créole :

— « La lettre à ton petit copain là, que tu m'avais demandé de poster, je l'ai lue et je l'ai déchirée en mille morceaux. Si tu la veux, elle est dans la poubelle « !

— « C'est ordurier ce que tu racontes sur nous ; après tout ce qu'on a fait pour toi ! Tu n'as pas honte « ?

— Mais Maman, pensais-je, en quoi était-ce ordurier ? Pour la première fois, je déposais quelque part, des bribes d'épisodes de notre sordide histoire familiale !

Après plusieurs années, l'effet culpabilisant recherché par cette mère démoniaque s'est estompé, au fur et à mesure. Mais, à quinze ans, cette déclaration m'a ébranlée car j'ai eu cette sensation absurde que mon statut de « préférée » de cette famille, toutes proportions gardées, était désormais nul et non avenu.

C'était son estocade à elle ! Un flot continu de larmes a envahi toute mon âme. Je ne pouvais plus refouler ce torrent de boue, dans lequel je nageais, depuis tellement de temps.

En regardant mes parents agir, je m'étais souvent répétée, en boucle : « À la maternité, ils se sont forcément trompés…Ce ne sont pas eux mes parents !

Les miens viendront me rechercher un jour «. Je suis somnambule, dans un très mauvais rêve. Mais, je vais finir par sortir de ce cauchemar !

Côté gauche du couloir : mon père, assis à la table de cuisine, mangeait, toujours aussi solitaire. Vous vous souvenez, cette solitude, qu'il nous avait sommés, inconsciemment, de ne jamais, jamais déranger. Il a juste relevé la tête, m'a, à peine, regardée et a avalé, imperturbable, la fourchetée suivante.

Ma main tenait la poignée de la porte d'entrée, je savais que le verrou n'était plus enclenché. En lançant ces mots à tous les deux, des sanglots ont étouffé ma voix, alors que je voulais tant paraître forte et déterminée :

— Je m'en vais et vous ne me reverrez plus jamais ! Et, j'ai claqué cette porte de l'Enfer.

Aucun des deux n'a réagi, à cette déclaration improvisée, bien maladroite mais sans nul doute d'une sincérité à toute épreuve.

En attendant l'ascenseur, j'étais partagée entre : la déception, le désarroi de constater que ma valeur d'enfant était si proche du néant pour mes parents ; et ce doux onguent de fraîche liberté exhalée derrière cette porte franchie, que personne n'a jamais réouverte pour me rattraper...

C'était une évasion implicitement approuvée par mes geôliers qui a décadenassé, quasi instantanément une peur, une terreur, exacerbée par cette folie familiale. J'ai su immédiatement qu'une nouvelle aventure commençait pour moi. J'ai intégré également que plusieurs des pages du livre, écrites par et avec mes parents, seraient caviardées très longtemps.

La fulgurance de cette fuite, non préméditée et réussie, a été étourdissante, mais tellement riche d'opportunités à saisir. La violence intrafamiliale est une secte, au sens littéral du terme. S'en échapper relève de l'exploit, je pense. Maintenant, tout reste à déconstruire et à reconstruire, mais tout cela je ne le savais pas encore.

Je n'ai jamais pu dire au revoir à ma sœur, à mes trois petits frères, honteuse sans doute de les laisser à ce calvaire, sans pouvoir les en exfiltrer, tous. Mais je n'avais que quinze ans...

La période qui a suivi ce départ de l'appartement pourrait constituer un parcours d'errances et d'errements. Même construite de guingois, tout ce que j'ai entrepris, après, m'est cependant apparu plutôt facile. Ce qui persistait, c'était ma très grande difficulté à gérer mes émotions, fréquemment, débordantes et incontrôlables, nourries par une incommensurable colère.

D'hébergement de grande précarité, aux soutiens de certains frères, qui avaient également fugué, avant moi, la route m'a conduite dans le bureau d'un juge pour enfants.

Tout ce temps à porter cette croix. Tout ce temps à chercher une solution pour fuir de cette cellule, était à portée de main, sans le savoir...

Le Juge des Enfants a écouté une partie de mon histoire même si mes larmes ont interrompu la description des moments les plus difficiles. J'étais tellement mal à l'aise. Mais elle m'a laissée évacuer le trop-plein d'immondices accumulées et conscientisées, depuis tant d'années.

Sa décision de me placer immédiatement dans un foyer et de m'émanciper a été fondatrice pour tout mon avenir. L'institution juridique m'avait écoutée et surtout crue. Et, en sus, elle avait considéré que j'étais en capacité de me gérer pour certains actes de la vie.

J'ai pu disparaître dans la nature. Je ne me souviens plus au détour de quel motif fourbe (la baisse de leurs allocations familiales, il me semble), mes tortionnaires sont réapparus. L'éducateur du foyer, où j'avais été placée, est venu me trouver dans ma chambre pour me demander si je souhaitais les voir.

Ils étaient, là, juste là, à côté, dans la salle d'attente du foyer.

Cet effroi, émotion ancienne, qui m'anéantissait jadis et que je pensais naïvement, volatilisé, était toujours là, intact. J'étais, de nouveau, tétanisée, sous emprise d'un degré inentamé de peur absolue.

Mais, séance tenante, le ressort de ma survie s'est activé. Et c'est mon inconscient qui a délivré ces paroles déférées, sans appel.

—NON, je ne veux plus les voir. Je veux qu'ils sortent définitivement de ma vie ! ». Cette nuit-là, mon canal lacrymal est sorti de son lit et a inondé mon oreiller, dans lequel mes cris, mes sanglots et tout mon chagrin se sont étouffés.
— Un peu contre-nature que d'éclipser ses parents de sa vie, qu'en pensez-vous ?
Aussi, ce NON n'eut qu'une durée de validation de deux années, jusqu'à ce jour où ma mère, au téléphone, m'annonça qu'elle avait fini par commettre l'irréparable. Mon père sera invalide toute sa vie mais aux côtés de ma mère...
Malgré cet irrémédiable : comment comprendre ? comment excuser ? Mes parents restèrent ensemble jusqu'à leur mort.
Dix ans après la mort de ma mère et deux ans après celle de mon père : j'avoue que leur couple conservera, pour tous leurs enfants, une part indicible de mystère.
Mais bref, toute cette période temporaire m'aura permis de me remettre en selle. J'y ai connu celui qui deviendra mon premier mari. Mais, un peu de patience, nous l'évoquerons bientôt.
Selon moi, le niveau traumatique de mon enfance avait atteint son maximal. Plus personne ne pourrait plus me faire de mal dorénavant, pensais-je.
Mais il me restait encore les vicissitudes de ma vie d'adulte à affronter. Et, à seize ans, j'en ai, très certainement, sous-estimé les effets, lorsqu'ils sont combinés aux fêlures de l'enfance.

En conclusion de cette période de « RE » naissance, précédant l'un des épisodes les plus pénibles de ma vie, assurément, je citerai **Mandy Hale** :

« La croissance et le changement peuvent être douloureux, mais rien n'est plus pénible que de rester coincé quelque part où tu ne veux plus être «...

1978 – 1981 : Le labyrinthe de Pan

« Est-il prudent de chercher à reconstruire, tant que le sol n'est pas mieux affermi ? Je fais de patience, vertu » **André Gide**

Au crépuscule de cette adolescence, j'étais déjà tenaillée par l'envie d'une maternité. Il m'était criant de connaître ce que mes monstres avaient enfanté. Et, surtout comment j'appréhenderai ce rôle. J'ambitionnais fiévreusement d'incarner une épouse et une mère parfaites. Et pour seules références, tout ce qu'il ne fallait pas faire si je voulais être heureuse.

Souvenez-vous : j'avais détalé, de chez moi, avec un sac en plastique. Côté fringues, désormais, mon trousseau était garni, deux fois par an, par l'Aide Sociale à l'Enfance. Vous serez tenté d'affirmer : alors, tout allait bien !

— Ah ! Ah ! Ah ! si seuls des vêtements suffisaient pour habiller une âme ! Que de bonheur (s) dans ce vaste monde...

En vérité, mon for intérieur claquait des dents, il y faisait un froid polaire car, depuis ma naissance, la seule protection dont j'avais bénéficié avait disparu. Mon grand frère n'était plus là. Cela a sonné comme l'éclosion d'une nouvelle ère : peut-être qu'intégrer une nouvelle forme de rapports, autre que leurs frontalités devait être explorée. Être toujours en colère est tellement épuisant... Ainsi, pour moi, c'est donc un long apprentissage du savoir-être qui s'est amorcé.

Pardonnez-moi, je vous précède pour que vous compreniez où j'en étais.

Pour Ma future famille : je m'imaginais bien vivre dans un environnement tel que celui des INGALLS dans le feuilleton « la petite maison dans la prairie » où tout était bien rangé et où la légèreté, derrière l'amour, constituait le ciment familial liant solidement les membres.

Cette vision préalable de ma famille fantasmée se combinait avec celle du « Cosby Show ». À partir de ces deux modèles, j'aurais pu me délecter de mon cocktail familial à venir : 2/4 d'amour, ¼ de cadre et ¼ d'humour et de dérision. N'oublions pas la rondelle de citron qui pourrait illustrer les quelques petits couacs aigres inhérents à un groupe d'individus.

Mais qui ne sait pas que les studios hollywoodiens sont câblés pour vendre du rêve ?

Moi, en tout cas, j'étais en plein American Dream : I can do it !... Quel projet ! Ces deux objectifs apparaissaient si exaltants, du haut de mes 22 ans. Mais cette arrogance de la jeunesse, à peine voilée, de pouvoir faire mieux que mes géniteurs, m'a dépossédée de toute la modestie salutaire que convoque quotidiennement le rôle d'épouse et de parent.

En tout cas, pour être une bonne mère, je devais commencer par gommer impérativement les gribouillis du cadre éducationnel griffonnés, très, trop maladroitement par mes parents.

Je démarrais par une feuille blanche, alors tout était possible. Enfin, j'y ai cru longtemps. Sauf que tous ces croquis parentaux, légués en patrimoine immatériel, avaient été tracés avec des crayons de cire à mine dure.

Impossible, malgré tous mes efforts, d'en effacer définitivement les bavures beaucoup trop charbonneuses

— Et, selon vous, de quel type d'adulte ai-je accouché ? C'est une très bonne pioche pour vous !

Ce qui s'était architecturé pendant l'Enfance s'est solidifié jusqu'à un âge dit mûr : un condensé de valeurs plutôt de comportements oscillant entre l'austérité, la rudesse paternelle mixtionnée aux épisodes névrotiques maternels. Et toujours, rémanent dans mon esprit : se faire accepter par le groupe, quoi qu'il m'en coûte.

Logiquement, comme pour une première inscription sur un réseau social, je me suis configurée un profil idéal.

En premier lieu, j'ai voulu me fondre dans ce paysage sociétal pour qu'on m'y oublie : Ce qui se traduit par une pleine invisibilité physique.

D'ailleurs, à ma décharge, cette résolution et cette détermination pour un effacement complet de mon être, étaient la résultante active des messages assimilationnistes de mon père.

Là-dessus, dans mon panier de marché au mariage et à la maternité, j'étais parfaitement raccord avec lui. Jadis, il s'agissait sans doute de négocier un peu de son amour en contrepartie d'une fidélité sans faille. En y repensant, que d'injonctions pour évangéliser nos têtes d'enfants, à marche forcée ! Résultat : pendant quarante ans, toutes mes racines culturelles ont été reniées.

— Admettez-le ! Puissant, encore ce travail de mon père sous couvert d'éducation visant à se soumettre impérativement à la norme... Quels en ont été les effets immédiats ?

— Eh bien, endosser le rôle d'une Française « version hexagone ». Vous ne voyez sans doute pas de quoi je parle...No stress : je vous mets sur la piste :

— S'habiller avec des vêtements le plus classique possible, (jupe ou robe droite) et j'ai même poussé jusqu'à me compresser longtemps dans des jupes plissées, alors que mon profil physique n'y est, mais en aucun cas, adapté.

J'ai des hanches rondes et la forme de mon postérieur ne souffre aucun vêtement boudinant !

Que de quarts d'heures, allongée sur mon lit, le matin, pour forcer une fermeture éclair de pantalon qui butait ostensiblement sur mes courbes généreuses.

— Quelles étaient longues ces journées de boulot, compressée dans un corset vestimentaire, qui vous enjoint à différer toute envie d'uriner car le risque de ne pas pouvoir vous reculotter est réel !

Mais je ne lâchais rien !. J'achetais tous mes vêtements en me rêvant « Grace Kelly ».

Si, d'aventure, Christina Cordula m'avait croisée, à cette période, elle m'aurait hélée, de son accent brésilien reconnaissable entre tous :

— « Mais ma Chérie, ta morphologie est un A....Tu n'es pas un X ! Arrête de te faire du mal ! Tes looks ne vont pas du tout » !

Pour les couleurs des vêtements, la même ligne doctrinale : le classique bleu, décliné dans toutes ses composantes même si le marine se hissait définitivement en couleur phare ; du gris, du blanc, seulement l'été, bien entendu.

— Mais Grand Dieu ! Jamais, Oh ! Grand jamais de : vert, de jaune, de rose, du rouge ! De l'orange, du fuchsia : interdits de séjour ! Et, le marron, allez donc savoir pourquoi, n'a intégré mon armoire que très tardivement...

Oui, vous avez parfaitement raison : un dressing tristoune à vingt-deux ans mais raccord avec l'état ambiant de mon âme. Je mettais toute ma détermination à nager dans ces costumes bien mal ajustés...

Maintenant, obligé ! Un petit détour sur mes cheveux ! Ils sont les victimes, depuis des décennies, des produits les plus agressifs, en termes de défrisage. Les complexes ont la dent si dure : aucune frisette, pas de frisottis, jamais de bouclette : un brushing raide, pour un carré, un peu à la Playmobil. C'est cela, vous y êtes !

Mes plus farouches adversaires, redoutés et invincibles : l'humidité et plus que tout la pluie. Pourquoi ? L'effet conducteur des cheveux défrisés à l'air ambiant.

Face à une météorologie menaçante, vous éviterez, d'emblée, toute sortie. Et si d'aventure, vous vous y autorisiez, sans parapluie, alors la bonne heure trente passée pour votre mise en beauté serait complètement ruinée.

Et votre brushing satiné, apprêté, parfait devient un afro très approximatif. L'effet de la potion que prenait Docteur Jekyll pour devenir Mister Hyde, en quelques minutes.

Je vous sens, quelque peu, dubitatifs. Allez, je vous emmène au bout de mon délire pour que vous mesuriez à quel point cette névrose du cheveu lisse m'a dévorée, m'a nécrosée. Eh bien figurez-vous que mon petit copain du moment était briefé, dès notre première rencontre sur le protocole à appliquer concernant mes cheveux.

— Ne jamais toucher mes cheveux, quelle qu'en soit la circonstance : une règle absolue qui ne souffrait aucune exception !

Tant et si bien que nos ébats pouvaient donner lieu à des scènes très burlesques : à l'image d'un match de boxe où il s'agissait pour moi, d'esquiver toutes les tentatives de contacts avec ses mains câlines certes, mais irrévérencieuses.

Et tant pis pour ce petit copain indiscipliné, la dictature du brushing impeccable restreignait ou écourtait l'osmose de la magie du moment, au minimum syndical.

Enfin, alors que ma mère était une excellente cuisinière et notamment de celle des Antilles, je ne me suis aventurée que sur le tard vers le colombo de poulet, de cabri, les haricots rouges.

Toujours dans ce même but aliénant d'être ce personnage fantomatique, j'ai plutôt préféré pousser la porte de la cuisine de ma belle-mère : pot-au-feu, bourguignon, poule au pot, escalope à la crème, lapin à la moutarde ont constitué les spécialités culinaires de la carte, à la maison.

Leurs saveurs échappant, bien évidemment, aux épices dont les arômes « exotisent » trop durablement l'espace.

— Pour l'essentiel que je voulais donner à voir, vous savez à peu près tout ! Passons ensemble au mental ! Toujours aussi paumée, j'avançais à l'aveugle.

La seconde urgence et non la moindre, était de convaincre la terre entière de la stabilité de mon équilibre mental.

— Et les troubles mentaux de ta mère ?

— Et l'impact du transgénérationnel développé plus haut ?

— Je sais, mais step by step ! Ce matériau appartenait aux experts...Ma mère était dérangée mais absolument rien à voir avec moi.

Déjouer « l'Être » pour que le « Paraître » s'impose et triomphe misérablement, minablement. Toujours faire semblant est facile, a priori, mais excessivement coûteux, à terme. Un costume trop large, un scénario appris par cœur. Si ludique au début et si exigeant et invasif, au fil des années.

Vous êtes atteinte d'une schizophrénie qui ne dit pas son nom. Votre nature profonde s'est naturellement, tapie, réfugiée, cachée, quelque part, sans se résoudre à disparaître. Et nul ne peut l'anéantir finalement. Et c'est tant mieux ! C'est un combat quotidien contre vous-même. Exténuant !

Ce décalage dans cet alignement entre votre tête et votre corps est excessivement inconfortable, embarrassant, incommode.

— Pourquoi autant de résignation, d'abnégation ? Contre mauvaise fortune, bon cœur ! Vous répéterez-vous, sans cesse, pour vous et pour tous ceux que vous avez décidé d'entraîner dans votre tombereau avec vos petites robes plissées et votre brushing impeccable !

Allez, continuons à converser ensemble : voici maintenant le décor minimaliste du troisième tableau, après l'Enfance et l'Adolescence, dans lequel je vous convie : l'Acte 1 de ma vie d'adulte.

— Comment débute cette première expérience de vie avec mon futur conjoint ?

Cela manque très certainement de nez rouges et de flonflons. Encore que la musique demeurera le fil conducteur de tous les épisodes de ma vie. Elle m'est essentielle, vitale.

Lors de ma rencontre avec celui qui deviendra mon premier mari, en déficit aggravé d'identité et d'amour, j'ai soigneusement tamisé tous les signaux conscients ou inconscients qui alertaient sur un équilibre mental, que je sentais, défaillant, fragilisé, altéré, atrophié, miné. Sûr qu'une explosion aurait lieu tôt ou tard.

Il eut fallu, je l'admets aujourd'hui, disposer d'un capital d'amour pour moi plus consistant pour aller consulter. Je me rassurais fébrilement en répétant en boucle : je ne suis pas ma mère.

Et donc, comme beaucoup d'entre nous, j'ai préféré naviguer, en eaux troubles et advienne que pourra !

— Pardon à tous ceux qui m'ont croisée ou tout simplement pour tous ceux qui ont essayé de m'aimer, dans cette vie-là. Une vraie bataille navale, tous embarqués dans « le Titanic », le plus souvent plutôt que dans « la Croisière s'amuse ».

Irrévocablement, garder ce cap « de la conformité », « de la normalité », comme boussole de vie, sans jamais en dévier, semblait ouvrir une voie idéale pour devenir une épouse et une mère parfaites. La société me plaçait, de facto, sur ce méridien-là.

— Évoqué comme ça : « vous refileriez la patate chaude à la société, vous ? C'est tellement plus commode ?

— Donc vous, vous ne porteriez aucune responsabilité sur cette décision, ce choix ? Et où donc est passé ce fameux libre arbitre, le même que vous reprochiez, à votre père, de ne pas utiliser ?

— Convenons-en ! La vérité est toujours brutale.

— La réalité, c'est que vous vous êtes inscrite toute seule dans ce mode de vie et que vous vous y êtes religieusement assignée. C'était votre choix !

— Absolument, c'est beaucoup plus juste…. Mais, être soi semble parfois tellement antinomique dans notre société, qu'il est plus aisé d'y renoncer. Le combat intérieur est tellement long et rude, souvent, que beaucoup d'entre nous capitule.

C'était facile pour moi car l'art de savoir donner le change me recouvrait comme une seconde peau. Rappelez-vous, j'avais caché à toute une partie de mes copines de primaire, de collège et de lycée que mes parents étaient complètement cinglés.

Et quels lecteurs en ricaneraient, après cette enfance pour le coup tumultueuse ! J'étais désormais sur la berge du précipice, atteinte de guerre lasse, j'étais parvenue à fuir l'horreur de 16 ans de vie. C'était bien suffisant, qu'en pensez-vous ?

Il est vrai qu'au fond de moi, j'apercevais de plus en plus régulièrement les ombres chinoises de mes géniteurs.

Les années passant, elles parvenaient toujours à préempter la fugacité d'une sérénité ressentie, comme indécente, indue. Être mère à vingt-deux ans était un pari fou, assaillie par des questions qui me taraudaient :

— Est-ce que j'étais handicapée mentale, comme elle ?

— Est-ce que mon instinct maternel sera bien à l'heure au rendez-vous ?

— Même si des branches de mon arbre généalogique sont infestées, l'hybridation avec un partenaire, à l'esprit sain, épargnera-t-il mes enfants ?

Et nonobstant, j'ai imploré, exhorté de toutes mes forces, cette première maternité, peu en importait le prix. Le prince charmant n'ayant jamais existé, pour moi, le voyage du mariage a toujours été relégué au second plan. Grave erreur !

Par mimétisme du couple de mes parents, j'avais identifié, à tort, qu'il exigeait une charge moindre d'investissement. Après inventaire de l'ampleur des dégâts, je sais aujourd'hui, que ni le conjoint, ni les enfants n'ont vocation à réparer le partenaire ou le parent en devenir.

Être heureux doit être la condition sine qua non pour partager sa vie avec un autre et pour donner vie. Car la parentalité peut être une arme de destruction massive à qui s'y improviserait.

Aujourd'hui, en toute humilité et avec le recul, ma caisse à outils, pour ne pas être la même épouse et la même mère que la mienne, était quasiment vide. J'ai tout appris, chemin faisant.

Encore cette magie de la vie : mon soleil m'a aiguillée vers de belles rencontres. Elles ont été vécues comme des cadeaux du ciel. Aux côtés de ces belles âmes, je me suis mise à empiler, dans mes comportements, ces « petits trucs en plus » qui vous grandissent, vous rendent aimable : Un sourire éclatant et sincère adressé à un auditoire pour dire « bonjour », un compliment gratuit donné à autrui, un encouragement à la demande d'une collègue, l'intérêt porté à un inconnu qui vous hèle dans la rue, un acte bienveillant ou le don de vous, distillés sans aucune contrepartie et enfin une caresse sur la nuque de votre conjoint.

Pouvoir accéder à ces savoirs-là a été « soignant ». Ils ont arrondi des crêtes accidentées de la rudesse de ma personnalité d'adulte, par touches impressionnistes.

À d'autres endroits, l'usage sadique, barbare et contagieux des brutalités, des coups de mes géniteurs requérait une décontamination plus profonde. Et le diagnostic explosait, pleine face : leurs éducations punitives respectives, par la terreur, par l'humiliation, par les agressions verbales ou physiques lourdes, avaient flétri mes bonnes résolutions d'être exclusivement une mère douce et aimante.

La domination de l'inconscient par un conditionnement parental perverti est une bombe à retardement, si on ne désamorce pas suffisamment tôt son détonateur.

Pourtant, je me sentais chanceuse car leur souffre-douleur, ce n'était pas moi. J'étais juste spectatrice et plus souvent auditrice de ce déversoir de cruautés physiques parentales.

Toutefois, les faisceaux de la violence irradient tous les recoins d'un appartement, quelle que soit sa surface. Et, l'enfant, devant qui, elle s'exerce, qui l'entend, qui l'imagine, en est bien une victime collatérale. Ce qui déferle derrière sa porte de chambre le traumatise à vie.

Jean-Paul Sartre a dit :

« L'important n'est pas ce qu'on fait de nous, mais ce que nous faisons de nous-mêmes de ce qu'on a fait de nous ».

1982 – 2000 : Faux-semblants

(Ou l'art du lâcher prise)

« *Il faut beaucoup de courage pour oser être heureux pleinement. Il est plus facile, mais plus lâche, de se contenter d'un petit bonheur routinier que rien ne vient déranger* ».
Marcelle BOURGAULT

Je vous présente Pako, le père de mes enfants : flash-back sur nos amours juvéniles, qui avaient débuté avec l'esprit de bandes : Adam et Valentine : un couple domino, comme nous ; Cédric, sa Bagheera jaune canari et Annette, dont les deux parents étaient décédés prématurément. Arthur, notre dragueur invétéré ; Boris, le fils du cafetier, dans lequel s'éternisaient, tard les soirs de week-ends, nos parties mémorables de tarot.

Nous étions tous des adulescents étourdis par une liberté d'aller et venir, sans limite, résidents, pour la plus grande partie d'entre nous, dans un foyer d'hébergement de la région parisienne, à l'identique de ce nouveau concept appelé, aujourd'hui « Co living » destiné aux jeunes actifs.

Nos statuts respectifs de « jeunes travailleurs » pour les uns ou « d'émancipés juridiques » pour les autres, nous avaient catapultés dans une urgence de vie. Il est vrai, nous étions tous responsables de nos actes légalement mais ce statut juridique ne dissoudrait en rien l'ivresse shootée par cette insouciance de la jeunesse dont nous nous enivrions quotidiennement.

Nous ne vivions que d'amour et d'eau fraîche. Et nous croquions, boulottions ; nous nous goinfrions pleinement de cette allégresse. Nos week-ends, dans la maison de campagne du Directeur, Adam (et sa copine Sophie), sur les bords de la Loire, à Beaugency, était l'arène de joutes verbales pour nos consciences politiques, idéologiques, philosophiques encore immatures et instables. Les babas cool s'opposaient farouchement à ceux qui rêvaient de devenir riches.

Cédric, fils d'une famille bourgeoise de Bordeaux s'enorgueillissait de sa position sociale privilégiée face à une Annette, de son patronyme « AMILIEN », fille de parents communistes convaincus, orpheline, élevée par sa sœur aînée, dans une cité populaire de l'île de France.

Leurs échanges, en qualité de couple constitué, fournissaient des heures gratuites de formation à la vie, à tous ceux et à toutes celles qui n'en étaient pas encore là :

Cédric :

— « Mais « Miloche » ! Va faire un tour dans les mines de sel, Rigolote et on verra si tu rempileras au Parti, à ton retour » !

Lui lançait-il.

Annette :

— « Toi, tu tires ton arrogance du compte en banque de ton père ! Pauvre fils à papa » ! Rétorquait-elle.

Cédric :

— « Mais pourquoi t'es avec moi, alors « ! Rajoutait-il.

Annette :

— « Je m'assure que le fric change bien de mains » ! Réfutait-elle, le piquant au vif, sachant qu'il était follement amoureux d'elle.

Cette saynète sur la lutte des classes se produisait devant un public fidèle qui s'esclaffait à chacune des piques que nos deux tourtereaux se lançaient pour faire bisquer l'autre. À chacune de leurs représentations, ils offraient un spectacle qui réjouissait leurs admirateurs.

Cela dit, au-delà de ces bouffonneries, il m'arrivait de reconnaître parfois, dans l'acidité des répliques d'Annette qu'on l'avait placée très tôt, comme moi, derrière le miroir de la vie. Son père était mort d'une cirrhose et sa mère femme battue avait succombé à un cancer. Elle avait 8 ans.

À l'époque, ce couple forçait notre admiration : êtres si différents et pourtant si complémentaires. Elle le gardait ancré dans une certaine réalité de vie afin qu'il commence à regarder sa propre existence sans la loupe de ses parents.

—Ont-ils enfin trouvé un consensus ? Si tel est le cas, à quoi ont-ils bien pu s'accrocher pour que leur couple dure encore aujourd'hui ?

—À ce qui reste après l'Amour ? À la conformité sociétale ? Eux seuls, le savent.

Nous étions des jeunes encore tous en construction. Mais le réel nous rattrapera vite : le service militaire, pour certains, par exemple a sonné le glas de cette ambiance exquise de légèreté.

J'avais 17 ans et tu en avais 18. Nos âmes angéliques venaient d'être blessées par la brûlure encore enflée et suintante des premières amours. Pour moi, c'est cette chape de méfiance à l'égard d'une flamme, où mes ailes s'étaient calcinées, qui m'a poussée dans tes bras.

Des sentiments amoureux « sous contrôle », plus modérés anesthésieraient l'empreinte de la fulgurance de la première passion qui avait égratigné mon cœur, déjà si souffreteux.

Tu étais un compagnon de route rassurant, fiable et porteur d'un projet qui m'a séduite. Ce projet était de vivre à la campagne, comme celle de ton enfance, dans le Limousin. Moi, j'avais grandi dans une cité HLM, aux façades grises, sans âme.

Et à cet égard, nos besoins étaient parfaitement convergents. Nous avons réalisé nos rêves. J'étais tellement fière d'être la première de ma fratrie, à sortir de la cité. Et nos deux enfants se sont épanouis, au vert, avec pour seul horizon : soit des champs aux récoltes blondes d'épis de blé, soit des étendues, à perte de vue, de poupées de fleurs de maïs.

Mais, à l'intérieur de « ma petite maison dans la prairie », aucun tableau idyllique accroché aux murs. En moi, grondait cette furie, dont je ne parvenais jamais à éteindre, très longtemps, l'excès de flamme.

Mon volcan n'était jamais très longtemps en sommeil. Il était imprévisible et surtout incontrôlable. La mine déconfite de mon conjoint, lors de mes scènes de transe, me plongeait dans un cauchemar éveillé.

Je gérais toutes les frustrations imposées par le travail, par mon conjoint, par mes doutes de jeune mère, en cassant la vaisselle, en abîmant volontairement ce qui pouvait atteindre l'autre psychologiquement, physiquement. Mon mari était désabusé, dépité, lassé.

L'arme massue qu'il lançait, pour se défendre, contre mes assauts était :

— « Tu es aussi folle que ta mère, ma pauvre fille » !

Il connaissait une belle partie de l'histoire et pourtant il appuyait là où c'était tellement douloureux !

Ce « qualificatif » décuplait ma hargne et ma force...Il fallait qu'il ait aussi mal que cette flèche qu'il plantait sadiquement dans mon cœur. Un verre, un cendrier pouvait servir de projectiles pour atteindre ma cible.

J'étais capable de l'affronter physiquement même si je savais qu'il aurait pu m'envoyer très facilement au tapis. Mais, il n'a jamais été violent avec moi. Il enserrait mes poignets ; tentait d'esquiver mes coups portés sur sa tête, sur son visage.

Et, quand au détour d'une pièce, mon regard plongeait dans un miroir : c'est bien ma mère que j'avais devant moi. J'étais horrifiée !

— Maman, s'il te plaît, libère mon corps à jamais, je t'en supplie !

Certains autres souvenirs de ces scènes de disputes amplifiées, par ma seule responsabilité, me vidaient complètement. Le calme revenu dans la maisonnée, je restais prostrée, pendant de longues heures, dans ma chambre.

Et mes larmes tentaient de noyer, d'engloutir les regards épouvantés de mes filles, qui m'observaient pendant mes délires, terrorisées par cette hystérie « hors normes ».

Ou encore, lorsque leurs portes de chambres demeuraient fermées, pendant la tempête, j'imaginais, leurs petites têtes enfouies dans leurs oreillers. Comme moi, jadis, elles essayeraient, sans doute d'atténuer l'intensité des tumultes que leurs petits cerveaux imaginaient ou emmagasinaient.

—Et qu'en résulterait-il pour elles, plus tard ?

A cet égard, je dédouane complètement mon conjoint, à qui je demande encore pardon. Il n'y était absolument pour rien.

Je pressentais que nous étions incompatibles, dès le départ car cette vie paisible, retirée de la ville, à laquelle il aspirait, ne serait jamais sereine, ni pacifiée avec moi.

Il était l'eau et j'étais un feu bouillonnant. A priori, cela aurait pu matcher, sous l'angle de la complémentarité. Mais pour notre aventure de vie, malheureusement, le produit de nos carences parentales ne pouvait aucunement prospérer.

De plus, dans ma recherche de « normalité absolue », les partenaires caucasiens ont toujours été mon cœur de cible, durant plus de quarante ans. Dans un inconscient très activé, il fallait blanchir la race et éviter, coûte que coûte, que mes enfants ne subissent les affres de ce fichu racisme ordinaire. C'était planifié et non négociable. Dans notre mariage, je demeurerai le Maître des horloges de nos cœurs civilement liés. Car subir encore le rejet du partenaire, quand votre feu envers lui est ardent, était inenvisageable. C'était beaucoup trop douloureux. Dorénavant, mon cœur serait exclusivement voué à mes enfants.

C'est dans cette quadrature du cercle, qu'ont évolué nos deux chérubins. Le climat de notre home sweet home était tantôt figue pour devenir raisin jusqu'au vin rouge écarlate, à d'autres moments.

Mon lot de questions gonflait et continuait à m'assaillir, au fur et à mesure, que ma construction d'adulte s'épaississait :

— N'était-ce pas utopique finalement d'espérer devenir une épouse et une mère parfaite ?

— Qu'est-ce qu' une épouse parfaite ? Une mère parfaite ?

— Étais-je réellement programmée pour tenir ces deux rôles ?

— Comment trouver « une chambre à soi », quand on s'est volontairement cloisonnée, depuis le mariage, dans cette devise : Un pour tous et tous pour un !

J'ai opposé ces deux projets ambitieux à la solidité et à la stabilité du socle de ma personnalité d'individu. Et à y regarder de plus près, l'atteinte effrénée de la perfection s'est révélée inepte.

La distance à parcourir entre mes rêves de famille parfaite et la réalité de mon quotidien me prendraient une vie. Et tout cela était-il bien nécessaire à mon bonheur personnel ?

En réalité, ce que je donnais à voir à tous, était le reflet du combat intérieur mené, de guerre lasse et qui m'épuisait, depuis tellement longtemps. D'ailleurs, j'étais « socialement » estampillée comme une personne « agressive ».

Pourquoi ? Tout simplement parce que votre passé et votre présent ne parviennent pas à vous procurer une stabilité mentale prompte à profiter d'un bonheur auquel vous pensez ne pas avoir droit.

Être heureux, c'est la nourriture de l'âme, au même titre que le boire et le manger sont indispensables à la survie physique.

L'agressivité notoire et permanente chez moi, est un symptôme éclairant de mon mal-être affectif, notamment. C'est de l'auto-défense inconsciente pour éviter d'ajouter ou de rouvrir des anciennes blessures.

On apprend à parer, avant même que l'autre en exprime la plus petite intention. Et on le désarme avant qu'il ne décoche ses flèches.

—Car très sincèrement, pensez-vous réellement que l'agressivité d'un individu est innée ? Je vous pose la question.

— Existerait-il un plaisir, si savoureux à cohabiter, une grande partie de sa vie avec Dame « RAGE » et sa cohorte d'émotions négatives, comme : l'agacement, la colère, l'irritabilité, l'irascibilité, la rancœur, l'explosion et nous y voilà : la fureur, la violence ? »

Eh bien, je vous réponds catégoriquement :

— Non ! Mais, malgré moi, elle a été élevée au rang de relique sacrée. Identifiée comme précieuse, elle me protège des fantômes du passé et des djinns du présent »

Pour certains illuminés, c'est un trait de caractère valorisé et valorisable :

— « Ah ! Il ne faut pas la chatouiller, car elle ne se laisse pas faire ! ».

— « Celle-là, on ne sait jamais comment la prendre » !

— « C'est très perturbant pour qui tenterait de l'aborder, sachant qu'elle peut vous envoyer très rapidement sur les roses « !

Aujourd'hui, encore le poids de ce manteau de l'agressivité chronique me pèse. Mais désormais, je m'autorise à le dégrafer et à l'entrouvrir souvent pour prendre un peu de fraîcheur. J'expérimente des formes de communication plus spontanées, moins « paranoïaques ».

Se dévoiler, sans crainte, aux autres devient plus naturel. Et, ce lâcher prise grignote le terrain de la méfiance, de la défiance au bénéfice d'un terreau qui tend à ensemencer de la confiance.

—C'est vrai, je vous l'accorde, tout est bien loin d'être réglé, bien entendu. Mais j'apprends petit à petit à discerner et non plus à attaquer. Je réfrène, je jugule et j'évacue les petites phrases assassines qu'on me lance :

— Zen, reste Zen, laisse courir, laisse aller, respire…

— Questionne-toi sur les maux qui peuvent animer les préposés aux critiques permanentes, aux pensées négatives ? Et, à l'inverse, quelle lumière éclaire ceux qui positivent en permanence ?

C'est vers ce second groupe que tu dois choisir de te diriger. Car la bienveillance, prodiguée ou reçue, est un enduit qui colmate et répare l'âme.

Me concernant, cette agressivité épidermique a très certainement altéré une partie de ma santé. Je l'ai élue au statut de pathologie, parce qu'elle vous consume et vous entame entièrement. Ce mal-être, avec qui vous vous réveillez le matin et que vous bordez soigneusement certains soirs, qui foudroie, pendant un temps, toute impuissance à le combattre, vous plonge assurément dans une nostalgie et une mélancolie permanentes.

—OK, OK, OK ! Je vous ai bien entendus ! Et vous avez parfaitement raison d'intervenir. Puisque nous en sommes là, ne craignons pas d'identifier précisément et en toute transparence, de quoi il s'agit ?

Habitée par l'agressivité sur du long terme, vous devenez une dépressive chronique, sans que le mot ne soit jamais prononcé, au cours de toute votre existence.

L'accepter, lui faire face, la soigner tout simplement, prend du temps. Le travail vous paraît incommensurable pour guérir. Vous tentez souvent de la snober, de la biaiser. Mais, elle est sournoise et ses racines tentaculaires et profondes. Dans les phases d'anéantissement dans lesquelles elle vous plonge, vous vous interrogez :

— Mais pourquoi les gens qui m'entourent semblent absorber leur vie si paisiblement, si sereinement ?

— Comment font-ils pour ne pas ressentir cet inconfort permanent de ne pas se sentir, à la bonne place ou tout simplement à sa place ?

— Que me manque-t-il pour apprécier pleinement tout ce que j'ai et qui devrait, a priori, me rendre heureuse ?

— Pourquoi je ne suis pas heureuse alors que je ne suis pas malheureuse ?

— Est-ce que le bonheur existe réellement ? Et y ai-je droit ?

— Qu'ai-je de moins que les autres ?

Et, oui, vous l'aurez compris : il était grand temps, tout d'abord, de s'intéresser de plus près à ce déséquilibre mental.

Ensuite, comment lui faire perdre de sa puissance pour atteindre un niveau de balance de sociabilité acceptable ?

Nous sommes beaucoup ainsi à être happés par le tourbillon d'une vie et à ne disposer d'aucun itinéraire pour nous rendre à demeure.

Muriel Barbery (L'élégance du hérisson en 2006) nous éclaire, sur cette question : « Ainsi, vit-on sa vie d'homme, dans notre univers : il faut sans cesse reconstruire son identité d'adulte. Cet assemblage bancal et éphémère, si fragile, qui habille le désespoir et, à soi, devant sa glace, raconte le mensonge auquel on a besoin de croire.

C'est grâce à mon regard dans le rétroviseur que ce qui me pesait hier est devenu plus léger aujourd'hui. Et comme il n'est jamais trop tard pour réparer, la conclusion de ce chapitre s'adresse à mon ex-conjoint et à mes filles :

— Es-tu conscient, Pako, que dans les valises qu'on a transportées, jusqu'à l'orée de notre vie d'adultes, un inventaire soigné et méticuleux s'imposait, pour les alléger un peu ?

— Seras-tu d'accord avec l'idée que nous étions des enfants et que notre jeunesse a naïvement occulté la réalité des responsabilités que doivent affronter de très jeunes parents ?

— Enfin, malgré tout ce qui nous manquait pour mieux agir, m'accorderas-tu que nous avons conservé un objectif prégnant : le bonheur de nos enfants ?

Pour cette traversée de vingt ans où ma houle t'a souvent chahuté :

— J'ai apprécié cette première vie avec toi car elle m'a inscrite dans des projets de vie.

— Tu as été un partenaire patient, à l'écoute de mon confort matériel envers et malgré moi.

— Tu as été un conjoint aimant malgré le déficit de démonstrations d'amour dont tes parents t'ont privé et celui que je t'ai refusé car je ne m'aimais pas suffisamment, moi-même.

— Enfin, tu as été le référent du calme, de la sérénité, de la patience et de la stabilité émotionnelle, permanentes, auprès de nos deux filles que je n'ai jamais pu et su être.

Et en conclusion, en résonance à la citation de **Marcelle BOURGAULT** : le temps d'activité de ma lâcheté était maintenant périmé .

Être heureuse n'était plus une option mais prioritairement, un choix de vie, enthousiasmée par cette citation de Viktor Frankl :

« *Quand nous ne sommes plus en mesure de changer une situation, nous avons le défi de nous changer nous-mêmes* «.

2001 : Les merveilles d'Alice déchantent !

« Ni les situations, ni les gens ne peuvent être améliorés par un facteur externe. Si amélioration, il doit y avoir, elle doit venir de l'intérieur » **Dale Carnegie**

Le temps passé à se repaître fièrement de la réussite de nos investissements matériels et à hennir amèrement le bilan de notre couple, sauvé de plusieurs tentatives de dépôt, nos filles étaient déjà adolescentes.

Mes souvenirs de leurs petites enfances sont savoureux. J'ai adoré les avoir sur mon ventre. Dès que la chaleur de leurs petits corps plus ou moins dodus a réchauffé le mien ; dès que j'ai aperçu leurs visages, à trois ans d'écart, à ces instants précis, j'ai compris, alors, qu'une partie de mon cœur flamboierait, d'un amour sans condition et à jamais. Peaux contre peaux avec mes deux petits anges, nous ne faisions plus qu'un.

J'étais tellement fière d'être leur mère et la charge de leur responsabilité s'est révélée une tâche accessible, plaisante même. Elle ne m'a jamais pesé. Elles étaient faciles à élever.

Et pourtant, le fantôme maternel a beaucoup rôdé pendant mes grossesses.

Elles avaient ce teint hâlé, qui brunissait naturellement l'été, juste suffisant pour brouiller les questionnements sur leurs origines.

Toutefois, comme rien ne s'épuise dans cette thématique-là, malgré un métissage des individus, dont le développement est exponentiel sur notre belle Terre, certains nostalgiques de la pureté raciale m'ont poursuivie de leur quête, jusque dans un supermarché où je faisais mes courses:

— « Ah d'accord ! C'est donc vraiment votre fille…Non, parce qu'elle est blanche et que vous êtes noire. Je vous aperçois souvent et j'ai toujours pensé que vous étiez la Nounou » !

— Vous voyez : No comment !

Allez, il est temps de vous présenter mes princesses : La première, Penny a été une enfant identifiée comme calme, a priori, de sa naissance à sa fin d'adolescence.

Mais que dissimulait ce calme si apparent ? J'aurai pu creuser à l'époque. Mais mon chantier personnel de vie démarrait à peine. Sauf qu'à y regarder de plus près, certains épisodes de son début de vie auraient dû m'alerter : énurésie tardive, notamment, comme sa sœur, comme moi…

— Que faire quand votre nez s'est bloqué dans le guidon ?

Ce qui vous explose au visage, dans un premier temps vous aveugle.

Et puis, soyons honnêtes, ce premier bébé a irradié l'air ambiant de notre couple. Nous étions heureux de voir tous nos projets se réaliser les uns après les autres. Nous étions fiers de notre petite fille, même si Pako avait toujours eu une nette préférence pour les garçons.

Devenir parents constitue une étape particulière dans la vie des individus. Ce bébé nous a plongés, l'un et l'autre, dans une béatitude salutaire pour notre couple qui était devenu « famille ». Je nous entends nous chamailler comme des enfants qu'on aurait forcés à partager le même jouet :

Toi : « Le prochain biberon, c'est encore pour moi « !

Moi : « Attends, je ne lui en ai pas donné un seul aujourd'hui « !

Toi : « Sauf que toi, tu es avec elle tous les jours « !

Moi : »Alors c'est moi qui lui donne son bain, aujourd'hui « !

Toi : « Ah, non c'est mon moment préféré avec elle « !

Avec toi, ma Penny, bébé calme et éveillé, j'ai juste rejoué avec Belinda. Certes, tes cheveux étaient d'un noir de jais. En revanche, leur lissé était parfait. J'aurais pu dégonfler tes joues rondelettes à cause de mes baisers, par milliers. Physiquement, tu étais un harmonieux mélange entre ton père et moi. Je te changeais plusieurs fois par jour : robes, tee-shirt et short, combinaison longue, courte, chapeaux de toutes formes. Tout ton dressing y passait. C'était l'été 1984 et le soleil nous inondait, tous les trois, de ses beaux et chauds rayons.

Aujourd'hui, en revisionnant les images du film, je pourrais affirmer qu'au moment où je suis devenue mère, les alizés ont délicieusement soufflé de leurs vents chauds sur le spleen de nos âmes respectives.

Mais, à ma seconde grossesse, la soudaine fraîcheur de septembre nous avait saisis. Des neuf mois où Penny arrondissait posément mon ventre ; là les mailles d'un cerclage, pendant 6 mois, se tendaient pour retenir ce prochain bébé au chaud.

J'étais assignée à résidence par le gynécologue dans cette belle campagne muée, en prison dorée, située à une bonne quinzaine de kilomètres, à pied, de toute civilisation.

Penny partait à l'école, le matin et revenait le soir avec une amie. Livrée à l'ennui, la détresse est revenue me squatter. C'était une habituée des lieux, elle débarquait régulièrement, sans aucun carton d'invitation.

Je ne m'alimentais plus même si la dernière prescription médicale avant l'accouchement m'enjoignait à prendre ce $8^{\text{ème}}$ kilo. Je n'y suis jamais parvenue.

Parfois, les passages de Cédric et Annette ou de Adam et de Valentine, venus ressusciter quelques souvenirs cocasses de notre jeunesse passée, éloignaient et dispersaient mes cafards.

Enfin, ma Mia, est arrivée. Les périodes de turbulence remuaient rituellement notre mariage. De gros nuages lourds et noirs, des avis de tempêtes aux pressions atmosphériques marquées, des ouragans, parfois mais surtout des pluies diluviennes dévastatrices mouvementaient ostensiblement notre ciel familial.

Ma première expérience de l'allaitement avait été si douloureuse qu'il n'y aurait pas de tacite reconduction. Je résisterai, coûte que coûte, à ce diktat sociétal qui présumait qu'une mère non allaitante serait, a priori, indigne. J'avais assisté, émerveillée, petite fille, au spectacle de ma mère donnant le sein à tous mes petits frères.

Et, in fine, pour quel résultat ?

Mia a déclaré, à sa naissance, une allergie aux protéines de lait de vache.

— Y avait-il un lien de cause à effet ?

— Aucune réponse encore…

Et presque fatalement, cette carence de ses défenses naturelles a façonné un autre regard sur elle. J'étais devenue une maman inquiète, encore plus irascible.

Le spectre familial aurait dû être élargi pour comprendre ce qui se jouait, à ce moment-là. Mais panser d'abord le physique est un réflexe tellement occidental !

— De quoi s'agissait-il ? Sur quoi mon corps m'interpellait-il, encore ?

Cette fois-ci, l'inconscient avait ciblé ma gorge : Mais, bon ! Une cuillère de sirop, par ci, des pastilles, par-là, aurait dû éradiquer ces angines. Face à ma politique de l'autruche, elles sont passées du rouge, au blanc, à un rythme très répétitif. Mon record en a affiché jusqu'à 3 par mois.. Les antibiotiques se révélant parfaitement inopérants, j'ai succombé aux sirènes du spécialiste le plus éloquent. Et juste le temps d'un checking, le laser avait carbonisé mes amygdales, siège soi-disant des infections.. Mais les racines étant vives, ces amygdales ont repoussé très vite.

— Je sais, c'est toujours plus facile de vanter une stratégie gagnante quand la guerre a été perdue.

— Mais, tant pis. Je m'y risque

Ce qui s'est joué, là, très probablement, c'est qu'il était temps d'arrêter de répandre un climat de terreur, dans la maison, en braillant ou en hurlant sur le mari et sur les enfants, pour tout et n'importe quoi…Car, vous le savez maintenant, aucun d'eux n'était en cause.

— Quel était le carburant frelaté qui décuplait rage et colère ? Du reste, c'était le pire moment pour une analyse précise de la situation. Ce qui ne m'empêchait pas de présumer…

— Ce raisonnement, à postériori, serait-il susceptible de vous convaincre ?

Pour l'arrivée de ce second enfant, tout aussi souhaité, le bonheur était toujours présent mais tout était devenu plus nuancé. La furtivité des nuits de Mia m'empêchait de récupérer pleinement. Elle bénéficiait naturellement de circonstances atténuantes…Elle était malade et nous avions failli la perdre.

Mia était une enfant amaigrie par une alimentation à base de lait de brebis assortie de vomissements récurrents. Tous les vêtements de sa sœur étaient trop longs, trop grands, trop larges pour cette seconde poupée. Mais au-delà de tout commentaire stérile sur ton physique, ce sont tes yeux de chat qui fascinaient. J'étais la seule de ma famille, à qui mon grand-père paternel les avait légués. Et le hasard t'avait encore désignée pour les perpétuer.

Quand mon regard vert plongeait dans le tien, nous étions en communion. Je ressentais ce sentiment étrange de t'avoir déjà croisée, quelque part.

Tu étais une enfant gaie, polissonne, et la séduction par ton sourire était ton arme absolue pour parvenir à absoudre tes bêtises d'enfant.

Cette nouvelle famille élevait considérablement ma charge mentale. Papa faisait des heures supplémentaires pour détendre nos contraintes financières. Ses absences constituaient des motifs déloyaux pour évacuer mes excès de stress.

En proie au désarroi, mon impatience naturelle bousculait parfois mon petit bout de femme, Penny, âgée d'à peine 3 ans. Comme j'ai dû l'effrayer avec ce ton despotique de mère débordée :

— « Penny, va me chercher une couche pour ta sœur, s'il te plaît » !

— « Bon, Penny, tu trouves ? Le paquet est tout près de la table à langer ».

— « Penny, tu en es où « ?

— « Oh, mais c'est pas vrai « ! Je monte ».

Le cadencé sec et saccadé de mes pas, écrasant l'escalier en bois, pour la rejoindre, devait la plonger dans une profonde terreur que je lisais dans ses petits yeux, à travers ses petites lunettes rondes.

Cela a dû être, très sincèrement abscons, pour cette petite fille, d'intégrer, du jour au lendemain, son changement de statut.

D'enfant unique, choyée, portée, exclusivement, par l'attention, l'intérêt et l'amour de ses parents, pendant trois ans.

Et être, tout à coup, reléguée aux devoirs du droit d'aînesse.

— Comment prépare-t-on un enfant à cela ?

Je ne sais pas mais ce que je sais c'est que je n'ai rien tenté car personne ne m'avait appris à le faire. Chez mes parents, les naissances se suivaient, à la chaîne, et ma sœur et moi devenions des « mères bis » pour ces petits frères. C'est tout.

À ce moment-là, je n'avais pas non plus la clé pour ouvrir cette serrure-là..

Plongée dans mes tourments, il m'était extrêmement difficile de communiquer avec mes petites filles et avec leur père. Je faisais face comme je le pouvais à ces évènements qui chahutaient gravement mon intérieur.

Aucune solution immédiate exploitable, sinon celle de s'échiner à   être une mère complètement différente de la mienne : un vrai chemin de croix au premier rang duquel, l'application stricte du décret visant l'exécution jusqu'au-boutiste des tâches ménagères :

-   La préparation des biberons,
-   Le ménage, repassage et consorts,
-   La préparation des repas de toute la semaine,

- Être le plus disponible pour ses enfants : animer leurs journées, les éveiller, les cultiver...Et avant tout les aimer...
- Et dans ce planning rempli : quel temps reste-t-il pour l'époux ? Pas grand-chose pour ne pas dire : rien !

Bref : relever ce défi herculéen illusoire que seule une femme a le don de s'imposer.

— Au nom de quoi, devons-nous nous en infliger autant ? Pauvres de Nous que nous sommes !

En grandissant, la hiérarchisation des priorités de ma famille s'est affinée, les plaisirs ensemble triomphants des corvées.

Des souvenirs heureux remontent :

— « Maman, on fait une soirée crêpes, ce soir « ?

— « Et, on peut revisionner le film « ?

- Qui de « Joyeuses Pâques » avec Jean-Paul Belmondo, pris la main dans le sac et qui essaie désespérément de cacher son forfait d'adultère face à une Marie Laforêt, impériale !
- Ou de « Mélodie en sous-sol » avec les dialogues truculents de Michel Audiard, dans les bouches de Gabin et Delon.
- Ou encore « L'affaire Chelsea Deardon », avec ce passage où Robert Redford, tente de tromper ses insomnies avec un pas de deux sur « I'm singing in the Rain de Gene Kelly ».
- Et enfin, « Le Père Noël est une ordure »

Et bien d'autres comédies savourées, mes deux anges, blotties chaleureusement contre moi, sur notre canapé jaune canari.

J'entends encore tous nos fous rires sur nos scènes préférées qu'on rembobinait à l'envi.

Aujourd'hui, toutes les répliques s'invitent encore dans nos conversations ! Et elles nous amusent tout autant qu'à l'époque.

— Quels autres bonheurs ont encore imprégné notre maison ?

- La préparation de nos ballets improvisés à trois, avec Pako, comme seul public :

Penny et Mia : « Papa, regarde la chorégraphie qu'on a inventée avec Maman « !

Il regardait, admiratif, les trois femmes de sa vie, se déhancher en accord sur les succès du moment.

Et puis toutes ces photos de vacances à la mer ou à la montagne qui raniment nos fous rires, comme :

- La difficile et incompréhensible difficulté d'apprentissage de vélo de Penny qui faisait pester son père, après plusieurs kilomètres, à courir derrière elle, le forçant à cracher ses cigarettes, en tenant sa selle, pour qu'elle ne tombe pas.

- La cascade de boucles qui auréolait le visage de la seconde, coiffée du bonnet bleu Roy, arraché de la tête de sa poupée préférée. Son passe-temps favori : la balançoire où, à toutes volées, ses maigrelettes jambes cramponnaient fermement les marchepieds.

- Les tambouilles des deux, devant la maison, sur le chemin latéral, qui de mélanger de l'eau, du sable, des cailloux et qu'elles tentaient de nous faire déguster, en nous demandant de ponctuer, chaque fausse bouchée de « hum ! C'est délicieux ! »

- Le dialogue de sourds initié, lors d'une visite, chez un parent d'élève et dont, malgré le français, comme langue accessible à tous, avait abouti à une incompréhension totale du message porté. « Les filles avaient eu énormément de mal à retenir leurs fous rires, devant les mines déconfites de certains adultes.
- Les différentes stratégies, aussi fantaisistes les unes que les autres pour me dérober à mes obligations professionnelles. Pantois, mon mari me refusait catégoriquement sa complicité.
- Le traitement bestial opéré, par Pako, sur Virgule, notre lapin, pourtant déjà mort et qui avait épouvanté Penny .
- Tous ces kilomètres du mercredi après-midi, parcourus par notre Penny, adolescente, groggy par une campagne qu'elle ne supportait plus.
- Et enfin, cet épisode estival où Mia avait perdu une de ses chaussures en plastique, récemment achetées et qui aide à affronter les rochers d'une crique, en bord de mer. Pako, rappelle-toi : je t'ai stoppé en plein remake du « Grand Bleu ». Tu pensais fermement la récupérer, sans aucun matériel, alors que cette chaussure avait chuté brutalement, à plusieurs mètres de fond. Tes exercices de respiration nous avaient fait éclater de rire, tant ton visage rougi, semblait déjà asphyxié, avant même ton utopique plongée !

D'autres moments encore où notre maison sentait bon la sérénité et la joie :
- Cette boum des onze ans de Penny, où elle rayonnait, emplie de l'amour de ses plus fidèles camarades.

- Les soirées, sous tentes, où vos secrets s'évaporaient dans la douceur des nuits d'été.
- Le gala de danse de Penny, où durant un solo sur le morceau « In the stone » d'Earth, Wind and Fire, je n'ai pu m'empêcher de déclarer à mes voisins de siège : « C'est ma fille ! ».
- Les compétitions hippiques de Mia forçaient mon admiration. Ce qui m'impressionnait le plus, c'était cette cravache qu'elle agitait, tellement confiante, du haut de ses 8 ans, à l'égard d'un pur-sang qui, d'un seul coup de sabot, aurait pu me l'estropier à vie.
- Ses répétitions de passage de ceintures de Tae Kwon Do, managées par son père piaffant devant la révélation d'un don qui tardait à apparaître !
- Et, enfin, Mia, cette durable passion pour les animaux, qui chaussée de tes bottes de pluie, cheveux juste coiffés et décoiffés par le vent de la plaine érodait mon désespoir, à peine voilé, de faire de toi, une petite fille girly !

Nous ne pouvons pas nous quitter sans évoquer nos expéditions de départs en vacances à la mer ou à la montagne, où à tue-tête, nous fredonnions sur les cassettes enregistrées, à partir de RFM, tous les classiques des variétés françaises, rappelez-vous mes Chères filles :
- Je me fous, fous de vous, vous m'aimez, mais pas moi, Confidences pour Confidences... Jean Schultheis.
- Y a dans le sud de la Louisiane et dans un coin du Canada, des tas de gars, des tas de femmes qui chantent

dans la même langue que moi : Les Acadiens de Michel Fugain.

Le répertoire français des chansons populaires était balayé pendant les 2 000 kilomètres (aller/retour) qui nous séparaient de la Grande Bleue ou de la chaîne des Alpes.
En y regardant de plus près, certains thèmes étaient plutôt noirs pour des fillettes, mais bon !

- Là-bas, tout est neuf et tout est sauvage, libre continent sans grillage », « Là-bas » de Jean-Jacques Goldman
- « On ira où tu voudras, quand tu voudras ; et l'on s'aimera encore, lorsque l'amour sera mort », L'été indien de Joe Dassin
- « Goodbye, Marylou, Goodbye Marylou, Goodbye Marylou, Goodbye », Michel Polnareff.
- « D'abord, d'abord, y a l'aîné, lui qui est comme un melon, lui qui a un gros nez « Ces gens-là », de Jacques Brel
- « J'habite seul avec maman, dans un très vieil appartement Rue Sarasate », « Comme ils disent », de Charles Aznavour
- « Je ne rêve plus, je ne fume plus, je n'ai même plus d'histoire », « Je suis malade » de Serge Lama
- « Quand San Francisco se lève, Quand San Francisco se lève, San Francisco, où êtes-vous, Lizzard et Luc, Psylvia, attendez-moi », Maxime le Forestier

Mais, ne vous y trompez pas : juste à côté de ces notes frenchies s'écoutaient parallèlement les pépites, pour certaines héritées du Panthéon de musique noire de ma mère : Dinah Washington, Louis Armstrong, Barry White, Earth Wind and

Fire, Michael Jackson mais également des classiques haïtiens, les Tabou Combo, la Perfecta ou des groupes martiniquais comme Malavoi avec la Case à Lucie, des chanteurs brésiliens, comme Gilberto Gil ou encore des Cubains, comme les Buena Vista Social Club.

J'ai archivé soigneusement dans mon temple des jours heureux, même si ma mémoire commence à défaillir, ces instantanés qui vous réconcilient avec vous-même, portée par la ferveur de ceux que vous aimez et qui semblent respirer ce même air de la félicité.

Ce sont des moments suspendus, à l'ombre de la discorde. Vous vous y abandonnez sans effort. Car avec les chansons de cette playlist, vous vous sentez maintenant alignée. Elle reflète merveilleusement bien l'individu que vous êtes, sans aucune tricherie : blanche à l'intérieur de par mon lieu de naissance à Paris, mais résolument noire à l'extérieur, par mon héritage culturel.

La seule frustration s'il en était : ces moments de grâce sont toujours revigorants mais très, trop furtifs.

Et, malgré cette belle campagne où parfois des soleils-fleurs pavoisaient, tout autour de la maison, les étés passants, l'usure déposait irréversiblement des copeaux sur notre couple.

Notre chat roux, Oliver, en parodiait certains épisodes, de manière remarquable : ronrons, somnolence avant de tomber dans un sommeil comateux …

Notre beau projet convergeant : habiter à la campagne avait pillé mon bel enthousiasme des débuts. « Ce troisième enfant ou le premier, selon le parent », tout autant désiré que les deux autres, était insatiable financièrement.

En conséquence, plus aucune trésorerie pour financer des week-ends improvisés, des vacances régulières en famille ou des voyages en amoureux.

Planifier un séjour tous ensemble devenait un véritable crève-cœur pour toi, car le risque de grever des recettes, organisées au trop juste, était très certainement fondé ; Et pour moi, mon ballon de baudruche de privation de ces plaisirs simples se dégonflait à vue d'œil. Des discussions sur ce sujet remontent :

— Pako, j'aimerais bien partir en vacances à l'étranger, l'été prochain pour mes quarante ans »

— « Et que fais-tu de ton découvert ? Tous les mois, tu es dans le rouge « !

— « Écoute, on a une belle maison et un grand jardin. Quelle nécessité de partir ailleurs ? Je n'y vois que des dépenses supplémentaires inutiles qui vont nous plomber pour la rentrée ».

Cependant, miraculeusement, en cet été 2001, mes quarante ans aidant, à coup sûr, j'ai enfin réussi à attraper le kiki du manège. Mazel tov ! À nous, la République dominicaine !

Néanmoins, l'énergie gaspillée dans les pourparlers, les tractations sans fin avec toi Pako ont exacerbé cette lassitude pesante qui obstruait mon esprit, inutilement.

Dès que tu y as consenti, j'ai su que ce dernier séjour à quatre solderait définitivement un cycle de ma vie, de nos vies.

Bien qu'on ait jamais évoqué cet été-là, je sais que tu savais aussi. Car il était déjà trop tard, quelque chose avait cheminé, dans ma tête, depuis deux ans déjà et était parvenu à maturation ultime…

Cette citation d'**Any Duperey** est percutante de résonance et de sens pour moi, avant mon départ pour ce prochain voyage :

"On ne se méfie jamais assez des êtres qui semblent tout accepter, tout supporter en silence et parfois même en souriant. Leur soumission paraît sans limites, leur tolérance inépuisable, puis un jour ils quittent le jeu, tournent les talons, claquent une porte, et c'est définitif. On ne peut plus rien pour les retenir. Intérieurement, ils ont fait tout le chemin, bloqué les comptes, ils ne sont presque déjà plus là quand ils annoncent qu'ils vont partir."

Sans, qu'il existe de lien, a priori, avec ma fugue de la maison parentale, il n'empêche que ce dernier différend avec Pako a réactivé cette même appétence de liberté. Ce même courage qui m'avait autorisée à franchir cette porte de l'enfer, à seize ans, était intact, inaltéré.

Peu importe, ce qui se trouvait derrière cette seconde porte. Cela ne devait en rien m'effrayer. Au contraire, ouvrir fébrilement la première m'avait amenée à fonder une famille. Et cela aura été l'expérience la plus enrichissante de ma vie.

J'avais bientôt 40 ans et où en étais-je ? Le schéma de vie, dans lequel j'entraînais mon conjoint et mes enfants devenait nocif, toxique. Imaginer que mes quarante prochaines années consumeraient les dernières étincelles de lumière qu'il restait, entre nous, était tout simplement vertigineux.

D'évidence, cette décision de divorce, sur cette plage de Samana, en République Dominicaine, se révélait la plus saine pour moi et par essence pour ma famille. J'avais lu quelque part que : « *Quand les parents sont heureux, les enfants sont heureux* « …

Il était très tôt, ce matin du 20 décembre 2001. J'avais laissé Pako et les filles finir leur nuit paisiblement.

Face à ce lever de soleil orangé palpitant sur l'immensité des flots bleu argenté, tout est devenu limpide :

— Je devais renoncer à ce que j'étais pour devenir ce que je serai.

— Une révélation, me direz-vous ?

— Non, juste la rythmique des vacances qui encourage favorablement aux points d'étape. Rien n'est prémédité…

Vous rapprochez fiévreusement le niveau de mercure du baromètre de votre bonheur, des battements du pouls de votre couple. Et, lézardant au soleil sur votre transat, vos divagations buggent sur une capture d'écran où une image vous trouble : celle de vos tête-à-tête, durant le dîner, où, la seule ambiance est l'écho de vos fourchettes qui picorent (surtout quand vos deux filles sont parties en camp de vacances).

Un autre fond sonore entêtant vous hèle. C'est une chansonnette qui obsède vos oreilles, à la maison, depuis le matin jusqu'au soir. Vous êtes certaine que le refrain pourrait être entonné en chœur et en canon. Logique ! Car vous entendez votre conjoint le fredonner, de la cuisine à votre chambre à coucher :

Depuis quand ? Je ne m'en souviens plus. Mais, les paroles me reviennent :

— Depuis quand nos discussions ont-elles aussi peu d'intérêt l'un pour l'autre ?

— À quel moment avons-nous décidé de modifier subtilement nos horaires de journées pour éviter de nous croiser dans les pièces de notre grande maison ?

— Pourquoi avoir consenti à ce pacte implicite qui tend à sacraliser la place des enfants dans la Famille au détriment du territoire du couple ?

— Pourquoi, selon toi, mes préparations de concours, mes parcours de formations et d'études se sont intensifiés m'éloignant souvent et longtemps de vous ?

— Et, selon vous, honnêtement, face à ces situations de flottements, est-il d'une impérieuse nécessité d'autopsier un amour qui agonit ?

— Est-ce réellement indispensable d'analyser, qu'à la croisée d'un chemin de couple, l'un d'entre eux puisse éprouver ce besoin inconfortable mais si irrépressible de fouler ce sentier de traverse, en cavalier solitaire, dorénavant ?

Non, car les théories même les plus fondées ne résisteraient pas à cette irrationalité. À l'aune de vingt années de couple, la pensée provoquée par la perspective de notre séparation, a été certes excessivement perturbante, pour toi, mais tout autant pour moi. C'était juste démentiel ! Celui qui choisit de se séparer part à l'aveugle. Il sait ce qu'il ne veut plus, mais ne mesure absolument pas ce qui l'attend.

Pour dire vrai, je n'étais absolument pas malheureuse avec toi. Seulement, je n'étais pas du tout heureuse avec moi-même, dans ce « avec toi ».

— Et ne pensez-vous pas valablement qu'il faudrait plutôt commencer par-là, avant de décider d'embarquer quiconque dans votre tourbillon de vie, si tant est que vos parents ou la fatalité vous y aient déjà placés ?

De mon côté, même si ce choix inévitable de se séparer m'a beaucoup troublée, a priori, je demeure intimement convaincue que si nous nous étions échinés à continuer à faire couple, le pire aurait pu arriver. Cette séparation était juste, pour moi, un nouveau canot de survie pour ne pas sombrer dans une névrose aussi sévère que celle de ma mère.

— Et je sais que tu le sais, en toute loyauté avec toi-même, Pako.

D'ailleurs, notre bon sens aurait dû nous conduire à capituler, bien avant ce divorce, au nom du droit à prétendre à une existence de vie choisie et non plus subie, comme celle de nos parents respectifs.

— Selon moi, pourquoi, dès notre départ, les dés étaient-ils pipés ?

Car, nous étions tous deux, en souffrance psychique, depuis notre naissance à notre vie de primo adulte. Tu étais moins mal en point que moi, je te l'accorde. Mais en l'absence de sort plus favorable, nous nous sommes contentés du minimum. Pour ce qui me concerne, je souffrais d'une frigidité au bonheur. Je ne savais que faire plaisir aux autres. Je m'y attelai énergiquement pour ne pas être abandonnée. Mais surtout, mon périple de vie m'avait conduite à croire que je n'étais pas aimable.

Aussi, ne pas être heureuse en couple en plagiant l'épopée « sentimentale » de mes parents, pour moi, c'était juste un continuum. Sauf que cet accommodement morbide à un indéfectible désespoir, finit par féconder dangereusement votre corps et votre esprit.

Pourtant, j'ai lutté, Pako pour que tout le monde croie que j'étais heureuse. Mais le challenge était trop périlleux.

— Comment faire quand vous avez été privée d'exemples de vies lumineuses réussies ? Vous serrez les dents et vous écoutez poliment cette petite voix vous susurrer :

— Allez, tiens bon, c'est un peu mieux que tes parents, quand même ! Et vous extrayez délicatement ce petit kleenex de sa boîte, tous les matins, pour expectorer toutes les déjections de votre mal-être.

Mais, prenez garde ! Pour ceux qui se trouvent dans le périmètre de déflagration d'un tel éternuement : votre conjoint, vos enfants, notamment, c'est tout simplement terrifiant.

Car, je sais aujourd'hui que l'amour (sous toutes ses formes) est un substrat impératif à un certain équilibre mental.

Je sais, Pako, tu n'entends rien à ce type de discours. Donc, pour satisfaire ton esprit cartésien : une cause rationnelle à notre séparation, s'il en fallait une :

— Notre mariage avait charrié et fait sombrer, dans son tourbillon, nos fragiles et vulnérables amours adolescentes. C'était tout…La fin de notre histoire à deux s'arrêtait là ! »

— Et, s'il vous a déjà été donné d'explorer cet incident de vie ; alors, vous savez exactement qu'ils sont lourds les bagages portés par deux époux exténués, par cette morosité latente de leurs vies mais qui s'éreintent à vouloir atteindre absolument la gare d'arrivée : Noces de platine !

C'est vrai, comme tu le répétais souvent, nos parents respectifs ont tenu, contre vents et marées : nous aurions donc dû être en capacité d'en faire tout autant, à savoir un schéma de vie de couple, même mortifère !

— Cependant, quel spectacle que celui d'un couple qui donne à voir que ses liens se gangrènent inéluctablement quand vos quarante ans sonnent à peine…

Même si le sentiment d'attachement à mon époux qui était devenu, au fil du temps, mon meilleur ami, était encore très actif, il ne suffisait plus. En tout cas, il ne me suffisait plus.

— Cela dit, vous avez parfaitement raison : deux écoles s'affrontaient.

— Pour moi, au diable le serment d'Hippocrate ! Il fallait nous débrancher.

Pour lui, un peu de bouche-à-bouche, çà et là ; un coup porté énergiquement, sur nos deux cœurs, relayé par un défibrillateur, réactiverait nos chamades d'antan.

Ce pari, j'y ai purement et simplement renoncé pour toi, pour nos enfants et pour moi. Car la fin du film aurait pu être dramatique avec cet épilogue : « ils ont boitillé ensemble pendant plusieurs décennies. Et la haine a fini par anéantir complètement la candeur de leurs sentiments des débuts ».

Et à quoi bon continuer à spéculer sur nos coresponsabilités de ne pas avoir tenté de réparer, au fur et à mesure.

— Que diable, Pako ! Nous étions encore jeunes et j'étais convaincue qu'un avenir plus stable nous attendait, quelque part.

— Alors, exposé comme cela : ce témoignage sur la vie de notre couple sera, sans aucun doute, douloureux à lire pour nos enfants. Car tout ce galimatias pourrait leur être une langue tout aussi étrangère.

— Pourquoi ? Parce que la plupart des enfants caressent le doux ou fol espoir que papa et maman disposent d'une concession, à perpétuité, au Royaume des contes de fées.

Je sais, aussi, que le fait, pour mes filles, d'être maintenant adultes et mères n'oblitérera rien de la douleur subie par notre divorce. Pour autant, au nom d'un tacite motus et bouche cousue de nos Ancêtres, des secrets de leurs grands-parents et de certains mystères de vie de leurs parents, nous leur devons de les aider à déployer plantureusement leurs branches, dans une filiation généalogique récemment régénérée.

Pour Penny :

— Mêler mes privations d'enfant maltraitée à l'impératif absolu d'être une mère parfaite t'a lourdement oppressée, étouffée. Mon amour expansif t'a si souvent enfermée.

D'où, sans doute, ton besoin de t'expatrier, un temps, pour baliser ta propre trajectoire et réinitialiser ton GPS. Pour y prétendre, tu as sabré âprement le cordon ombilical. J'ai beaucoup suffoqué. Mais, en quittant ma tente à oxygène, j'ai constaté que notre [3]parapage dicéphalique avait été opéré avec succès.

Aujourd'hui, il semble que ton horizon s'éclaircisse grâce à un rai de lumière qui rend tes pas plus sûrs et légers. L'homologation commune d'une certaine distance entre nous garantit l'équilibre de notre relation. Et, nous nous en satisfaisons.

Pour Mia :

— Juste à côté de toi, j'admire ta carapace indestructible. Mais ma presbytie trompe mon œil. Si j'ôte mes lunettes, mon acuité visuelle devient excellente. Et, à cet égard, elle perce un intérieur friable. Chez toi, à cause de cette personnalité clair-obscur et de ton comportement en faux-semblant, l'image du personnage est subtilement brouillée. Sauf qu'au détour d'un lâcher prise, une lumière éclatante peut, subrepticement

---

[3] Parapage dicéphalique : des jumeaux nés avec deux têtes et qui partagent un seul et même corps

s'éclipser, déposant un voile d'ombre sur ton moral, dont le matériau convoité, serait, bien évidemment, l'acier.

— Tout cela pour vous dire que, plus consciente, aujourd'hui, de la portée d'une histoire familiale, je veux bien être celle qui aidera à faciliter la résolution de quelques équations de vos vies. Tant, j'aurais aimé qu'on me dévoile quelques inconnues, dans mes moments de vulnérabilité aggravée.

— Et amorcer ce mouvement, je pense, pourrait être salvateur pour toutes les familles. Qu'en pensez-vous, mes très chers lecteurs ?

— Comment ? Et, là je m'adresse à mes deux filles.

— Mes chères filles, en lisant cette histoire, notre histoire, restituez-moi vite tous mes farfadets. Ceux qui vous envahissent, ceux avec qui vous ne savez pas comment composer, car ésotériques ! Ce sont assurément les miens, ils m'appartiennent ! Il est temps de stopper le cycle infernal du mimétisme de la chaîne du désespoir qui a infecté et gangrené tellement de vies de notre lignée.

Dès maintenant, bouturons votre descendance à un destin incandescent d'amour et de bienveillance.

Ce temps arrive enfin et pourquoi ne pas le faire ensemble ?

À **Dale Carnegie**, **Terry Neill** répond :

« Le changement est une porte qui ne s'ouvre que de l'intérieur
«

2002 : Mes mémoires dans ta peau

« Chercher le bonheur en dehors de nous, c'est comme attendre le soleil dans une grotte orientée au nord » **Adage tibétain.**

Depuis ce retour de vacances caribéennes, je me sentais plus en paix avec moi-même. L'orchestration de ce qui suivrait ma rupture cheminait dans mon esprit, sans une perception claire. Mais l'urgence d'un changement majeur de mon existence mûrissait, gonflait, s'intensifiait.

« Les fantômes existent. Ce sont les parasites de notre mémoire. Ils viennent tantôt du monde, tantôt du plus profond de notre être. Qui peut les conjurer ? **Andrée Millet.**

J'étais la seule à pouvoir chasser ces fantômes du passé. Je devais m'y atteler.

Ce divorce qui s'est, d'instinct, imposé à moi, *(même si l'accusation de préméditation évoquée par mon ex-conjoint, n'était en aucun cas fondée),* avait coïncidé avec la rencontre, sur mon lieu de travail, de Ghazi. Sans m'en douter, en toute sincérité, le présage de Mme Any Duperey commençait doucettement à opérer…

À l'époque, j'étais fonctionnaire. Lui, contractualisait, avec mon employeur, ses prestations de réalisateur de courts-métrages pour le service culturel. Un midi, tu avais tenté de m'inviter à déjeuner. Mais le sentiment de commettre une faute avait entraîné une réponse négative assumée. J'étais mariée et cela me paraissait inconvenant.

Après ce dernier concours territorial qui m'avait propulsée au rang de cadre A, j'avais négocié ma formation d'intégration à Bordeaux contre la préparation d'un D.E.S.S. (Master 2) à l'Université Assas : le summum pour la préparation d'études de droit.

Comme tu habitais Paris, tu t'étais proposé de m'accompagner et tu venais me chercher, parfois. Nous passions de longues heures à débattre, ta voiture stationnée près du Panthéon. Cette nouvelle vie parisienne, par intermittence, continuait à me parfumer, par touches, de cette liberté, à laquelle j'avais toujours aspiré.

Chemin faisant, cette nouvelle amitié envers Ghazy, était d'autant plus saine qu'il était né dans la corne de l'Afrique et donc hors course des profils de partenaires historiques. Comme vous le constatez, j'étais encore et toujours, sous emprise du conditionnement d'une mère qui avait posé un interdit ultrapuissant : celui de ne jamais frayer avec un homme issu de la communauté noire.

Dans sa légendaire dramaturgie, elle accompagnait systématiquement cet embargo d'une longue liste de reproches et d'un torrent de pleurs qui condamnaient son mari à l'entière culpabilité de son malheur d'épouse…

Quant à moi, mon cerveau étant encore sur le cycle du prélavage, je me savais parfaitement imperméabilisée contre toute velléité amoureuse à l'égard de Ghazi. Mais, force est de constater que sa compagnie me nourrissait, me réconfortait et me divertissait à l'aune d'un mariage qui sombrait.

Il réédifiait même, ce pont effondré par mes parents, entre l'Afrique et les Antilles. Nous avions beaucoup de communs : la littérature avec Aimé Césaire et son ami de longue date Léopold Sendhar Senghor, le racinaire de mes musiques caribéennes ; le culinaire, dont les épices sont la cheville ouvrière.

Il ouvrait désormais un champ de connaissances, dont j'ignorais à peu près tout. Ses nombreux voyages d'enfance, à l'étranger, auprès de parents journalistes m'étourdissaient. Moi, qui n'avais pris l'avion qu'une seule fois et à l'âge de quinze ans !

Il m'a replongée dans cette adolescence où tout était matière à la déconnade et aux fous rires. Tout était tellement léger, à ses côtés.

Derrière le rideau de fer où nous vivions avec ma famille. Derrière cette vie de primo adulte où la charge familiale m'avait happée à vingt-deux ans, il semblait exister un territoire où il était, peut-être, possible, pour un adulte, d'imaginer une certaine forme d'affranchissement qui me correspondrait davantage.

— Alors, cette vie que je pensais possible qu'à l'adolescence pouvait se pérenniser après…Une vie avec une consigne unique : prendre du plaisir en découvrant des plats exotiques, en se promenant dans les parcs, en profitant du soleil à une terrasse de café. Et surtout en se vannant car le rire était le lien indéfectible de cette relation. Dans un cadre aussi mirifique que Paris, nous étions dans une bulle, seuls au monde…

Mais je ne pouvais pas prétendre à ce bonheur-là. C'était juste interdit dans ma situation. Néanmoins, même quand l'ombre obscurcissait nos moments d'extase, il restait ce confident précieux.

Il s'agissait d'une période charnière dans ma vie, remplie de doutes, de craintes. Seule, rien de tout cela ne m'aurait torturé. Mais pour mes filles, il fallait me donner le temps de réfléchir avant de prendre cette décision irréversible de quitter mon domicile familial.

Ghazi se prêtait volontiers au jeu de mon monologue :

— Je sens que ma vie m'échappe. Que dois-je faire ? Rester, je n'en ai plus la force. Et divorcer me paraît inenvisageable. Qu'en penses-tu ? »

— Pako me paraît tellement malheureux. Selon toi, que dois-je faire ? »

— Pour mes filles, cela va être cataclysmique…Je ne me sens pas la force de leur imposer cela, que ferais-tu à ma place ?

Il restait là, à m'écouter, à me regarder dérouler le fil jusqu'à la fin de la bobine, temps optimisé pour prendre la bonne décision. Il a toujours approuvé mes choix et ne les a jamais ni influencés, ni contestés ; il n'a jamais joué la carte de l'ingérence, dans cette partie de ma vie.

Je l'ai toujours respecté pour ce comportement. Me concernant, j'ai souvent eu beaucoup de difficultés à tenir cette distance vis-à-vis de lui, par la suite.

La fluidité de nos échanges, cette complicité naissante, tenait sans doute au fait que son couple était, lui-même, en déshérence mais sans crise apparente notoire. C'est bien parce que son divorce n'était pas d'actualité pour lui, que j'ai pu lâcher prise.

Il était l'endroit « bienveillant » où je pouvais déposer tous mes doutes, toutes mes peurs, toutes mes angoisses sur une vie à reconstruire.

Faire le choix de vivre un moment de grâce, rien que pour soi, en bouleversant les contours de l'équilibre affectif de votre famille, que vous vous êtes acharnée à charpenter et à fortifier, pour votre mari, pour vos enfants, pour vous…Était un colossal dilemme, que je différais sans arrêt, depuis deux ans.

— Aspirer à un meilleur pour soi est-il si difficilement concevable pour les autres ?

Ce précieux confesseur des heures d'âpres questionnements avec moi-même, était devenu après une année d'amitié suivie, un intime, puis très naturellement un amant.

« *Amis hier, amants aujourd'hui, âmes sœurs pour toujours* ».

Ainsi, s'était cadencée l'histoire de notre rencontre, fluide, naturelle.

« *Quand vous avez la chance de croiser votre âme sœur, alors vous comprenez pourquoi cela ne pouvait pas fonctionner avec quelqu'un d'autre* » **Adage tibétain.**

À notre insu, nous avions écrit, à quatre mains, le début de notre histoire d'amour. Mon âme sœur était là. À ses côtés, une allégresse, un enchantement m'inondaient : ravageur, exclusif, excluant. Était-ce donc cela l'Amour ?

Se sentir aimée et aimer en retour m'a immergée dans un torrent d'émotions insoupçonnées, qui est venu dilater la cavité atrophiée par les négligences et les maltraitances parentales.

Ce niveau d'intensité du sentiment amoureux partagé, a généreusement mis hors d'état de nuire, sans pour autant les résorber, certaines meurtrissures de la partie de mon enfant mal-aimé, négligé, maltraité.

La suite de l'histoire était tellement prévisible : la décision de nous installer tous ensemble n'a jamais été évoquée. Elle a juste précédé notre mariage, durant cet été 2006, dès le divorce prononcé de Ghazi. Il ne pouvait plus en être autrement.

L'air me manquait lorsqu'il s'éclipsait de mon champ de vision. Et manifestement l'inverse était vrai aussi.

Enfin, je crois.

« Je ne sais où va mon chemin mais je marche mieux quand ma main serre la tienne. **Alfred de Musset**

Toutes les expressions, manifestations, démonstrations de son amour, m'avaient rendue addictive. L'amour passionnel est une drogue d'une stupéfiante puissance, elle condamne ses victimes à la recherche du flottement permanent, du bien-être intense. Quand vous en redescendez, une seule envie : celle de retrouver ces flashes de plaisir et d'euphorie.

Car, entre les deux, quelle réalité m'explosait au visage ? Mes filles sombraient progressivement dans un burn-out. Le divorce les avait anéanties.

— Que restait-il de notre famille formée, quelques années auparavant ?

« C'est quand on est à l'apogée du malheur que l'on apprécie le plus le bonheur ». **Virginie Grimaldi**

Leur père avait conservé la maison de leur enfance. Tout y était resté intact. Mais le fallait-il ?

Oui pour sa reconstruction. Mais pour nos enfants…

J'ai compris et admis, que la gestion de Pako, de cette zone de profonde turbulence familiale nécessitait pour lui, une longue période de deuil, de pause, d'acceptation de cette nouvelle réalité pour continuer à aller de l'avant.

Pako avait été terrassé par le divorce, mais également par certaines actions déloyales de ma part, qu'il m'a très longtemps reprochées. Et pour lesquelles j'ai imploré son pardon. Je ne sais pas s'il y est parvenu…

Je lui souhaitais, en tout état de cause, de trouver aussi son âme sœur.

Abreuvons-nous des propos de **Michael Connelly** sur le Grand Amour pour conserver un espoir sur cette route-là.

« Tout le monde a une seule et unique âme sœur.
Et quand on a la chance, on la rencontre.
Et quand c'est fait, quand on est frappé au cœur,
Il n'y a plus personne qui compte «

2003 : Kramer c/ Kramer

« Le divorce est l'une des **expériences** *les plus destructrices et les plus traumatisantes émotionnellement qu'un être humain puisse vivre, que vous en soyez l'instigateur ou l'auteur. C'est dur, et ça fait mal, et il faut beaucoup de temps pour se sentir à nouveau normal.* **Emily V. Gordon**

Notre divorce n'a pas été véritablement houleux mais a acté une rupture semi-définitive de la communication entre Pako et moi. Notre famille n'a pas explosé, elle a implosé dans un vacarme discret.

Pako s'est inscrit dans un silence solennel : quelques bribes de phrases, des oui ou non secs verbaux, des SMS anorexiques pour gérer une période transitoire, identique à celle d'un deuil, dont la responsabilité vous incombe.

Pour décoder le message subliminal de mon ex-mari : il fallait comprendre qu'il endosserait pour de très longues années, le rôle de la victime.

— Victime de quoi ? Victime du choix irréversible imposé par son ex-femme, de fragmenter la famille, sa famille ! Selon ce postulat à charge, ce n'était évidemment plus la mienne...

Pourtant, depuis plusieurs années, notre lit conjugal avait été déplacé et désolidarisé en « chambres à part », et ce, au vu et au su de nos filles. Notre couple était agonisant mais tu ne t'y résolvais pas. Pour toi : c'était un véritable gâchis. Pour moi :

ces vingt ans de vie et surtout deux enfants qui nous scelleraient à jamais était une vraie réussite.

— Cependant, une question récurrente : quel type de couple, investiraient nos filles, sur la base de l'image du nôtre ?

Comme je l'ai déjà dit, plus haut. Je n'avais aucune idée de ce qu'était un couple heureux. Bien entendu, je côtoyais des couples, mais ils semblaient avoir digéré la potion magique de Cendrillon et du Prince, depuis longtemps. Les charmes n'agissaient plus vraiment sur les amants nostalgiques .

Autour de moi, plusieurs couples avaient pris quelques libertés avec le contrat civil signé. Les mêmes, parfois, qui en défendaient âprement les devoirs, en place publique.

— Cela m'interrogeait : Comment demeurer ensemble et faire concorder sa liberté individuelle dans un contrat qui prône le couple, dans son absolue entité et cela pour le meilleur comme pour le pire ?

— Est-ce qu'un couple, c'est à la vie, à la mort ? Et au milieu, un espace de douleurs et de souffrance, à l'instar du couple de mes parents ? Est-ce que les deux personnages principaux devaient absolument opter pour la parodie du bonheur, à leurs cœurs défendants ? Est-ce que le divorce était une hypothèse aussi effrayante pour notre génération ? Celle qui, parfois, avait assisté au naufrage de leurs parents qui, même avec de l'eau jusqu'à la ceinture, renonçaient résolument à quitter leur navire ?

Mon seul désir, à cet instant, sur cette prometteuse aventure, était de vivre un Amour partagé, de la qualité de celui qui transcende deux êtres sans jamais les rassasier.

Je sortais de ce divorce, convaincue par la décision prise, mais rattrapée par l'ère de doute qui suivrait.

« *L'important dans le divorce, c'est ce qui le suit* « **Hervé Bazin**.

Enfin, le dernier impair qui m'était reproché, la faute non intentionnelle : celle de dénier la peine de l'autre. La réaction fut immédiate : toute cette belle part de sentiments bienveillants, amoureux, que l'Autre vous destine prioritairement, avant la séparation, se désintègre instantanément après.

Les filles (15 et 18 ans) posaient beaucoup de questions auxquelles nous avions peu de réponses, face à un inconnu que chacun de nous deux, redoutait au fond de lui.

Pako s'est accroché, avec beaucoup de force, aux éléments financiers du dossier : ce qu'il avait investi depuis plusieurs années, dans et pour cette maison... Ma seconde évasion serait, à l'identique de la première : partir avec un balluchon allégé.

En se souvenant, à nouveau, de cette période pré divorce, nos filles m'ont confiée, plus tard :

Penny :

— « Maman, tout est allé à vau l'eau, dans cet entre-deux ».

Mia :

— « Maman, on voyait que tu n'étais pas heureuse ! Mais notre famille nous suffisait ainsi ».

Penny :

— « Tu étais déjà ailleurs, nous n'avions plus ce cadre posé depuis notre naissance ; j'étais complètement perdue et livrée à moi-même ».

Penny :

— « Je n'allais plus à la fac et personne ne s'en souciait ! Je n'avais plus de boussole « !

Mia :
— « Chacun de vous deux organisait ses soirées : notre famille a totalement explosé « !

Mia :
— « Vous étiez physiquement présents, mais absents de votre rôle parental ».

Penny :
— « Cela a été très douloureux pour nous deux » !

Évidemment, toutes ces paroles m'ont terriblement meurtrie, à leur écoute. Mais il me semble ne jamais avoir, ni remis en cause, ni nié leurs détresses, pendant notre séparation.
L'ouragan de forte magnitude était néanmoins prévisible. Après ce choix de vie, où chacun pouvait reprendre en mains, son destin, a balayé tous les fondements de Pako, sur l'éternité du couple. Les effets de ce cataclysme ont pesé, lourdement, sur nos quatre vies un bon moment.
En prévention de ce qui s'annonçait, j'ai anticipé et ai immédiatement milité, auprès de Pako, pour préserver et conserver ce lien inaliénable entre père et filles.
Mais il était au fond d'un trou ! C'est le thermomètre de son chagrin qui déterminait le niveau de qualité des relations entretenues avec ses filles.
Et ce qui était dommageable pour elles, c'est que le mercure a atteint, pendant plusieurs années, un degré d'état d'urgence absolue.
À un tel positionnement, toutes mes sirènes hurlantes n'auront jamais suffi à déclencher les secours de leur père.

D'emblée, Pako a opté pour la politique de la terre brûlée. C'était son unique amortisseur, mobilisable pour supporter l'insupportable.

Ce cordon sanitaire autour de lui, signifiait pour moi :

— « Tu es partie, débrouille-toi avec ton choix, ce n'était pas le mien », malgré tout l'amour qu'il portait à ses deux filles.

Ainsi, mon impératif de vie était de tenter de conserver, sur une ligne de flottaison minimale, leurs maigres rapports.

Désespérément, j'ai cherché à faire exister, ce père semi-absent, dans cette nouvelle configuration de vie qu'il me reprochait.

Dans ma tête, le rappel de ce commandement divin, tournait en boucle, consacré par cette phrase :

— J'ai demandé le divorce, certes mais pas mes filles. Et je t'enjoindrai, à jamais, à demeurer leur père.

Si je parvenais à sourire, à l'époque c'était face à l'illustration de cette belle injonction contradictoire.

Pendant notre mariage, Pako avait régulièrement dénoncé mon omnipotent matriarcat. Aujourd'hui, émergeait une formidable occasion de se réapproprier cette place de père préemptée.

— Pourquoi donc ne l'investissait-il pas ?

Ceci étant, toutes les affres de ces années où tu as partiellement « disparu » et qui ont douloureusement affecté la vie de nos filles, n'ont jamais pu faisander cette obsession maladive de t'intégrer dans tous leurs projets.

— Mais pourquoi tant d'acharnement de votre part, Très Chère ? Persiflerez-vous ! En premier lieu, parce que cela me tenait tout simplement debout et puis s'infliger un peu de sadomasochisme ne nuit à personne d'autre que vous !

— En effet, comment lutter contre cet état de schizophrénie qui vous écartèle entre votre culpabilité vis-à-vis du chagrin de vos filles et ce choix assumé de recouvrer votre liberté.

Ainsi, pendant nos années « post-divorce », envers et contre lui, je l'informais de tout ce qui touchait à nos deux filles : les bonnes et les moins bonnes nouvelles. Je lui demandais son avis par messages vocaux, par SMS ou encore en utilisant Mia, notre benjamine qui le visitait un week-end sur deux.

Le fil de nos contacts était très défectueux mais ne s'est jamais rompu. À faire rejaillir de ma mémoire, quelques extraits de nos échanges, ce n'est pas franchement probant. Mais, bon, dans ces moments-là, j'affichais un profil bas, très bas, en berne :

— Bonjour Pako, c'est encore moi.

— Je voulais évoquer avec toi les états d'âme de Penny.

— Rappelle-moi, quand tu seras disponible, s'il te plaît.

car je crois que son actuel emploi chez Coca-Cola, en alternance, ne lui convient pas. Elle a l'air tellement malheureux...

— Bonjour Pako, j'espère que tu vas bien. Ici, les filles, ça va.

—As-tu reçu la dernière convocation pour la prochaine rencontre parents d'élèves/Professeur pour Mia ? Je suppose que oui.

Comme tu as pu le voir, son trimestre est passable mais, crois-moi, elle travaille, avec ses moyens. Et elle s'accroche

Si tu veux qu'on échange plus longuement, tu peux m'appeler, je suis toujours disponible « .

Je te dis à vendredi 19h, sous le porche de son lycée ».

Inutile de préciser que j'ai acquis une belle expertise du mono dialogue, formée pendant une bonne dizaine d'années !

En conclusion, sans doute parce que Yolande Hadid, à l'instar de beaucoup d'entre nous, a dû péniblement l'expérimenter, je vous laisse méditer.

« Établir une amitié après un divorce demande
Beaucoup d'efforts, de ravaler sa fierté et
de ouater son ego ! «

2004 – 2011 : Décomposer / Recomposer

ou l'air sans la chanson !

« *Dans une famille recomposée, il est une zone sensible d'où partent tous les conflits : l'intimité de la vie quotidienne.* »
Agnès de Viaris

Les urgences du moment, pour Ghazy et moi étaient de traiter l'avenir de nos quatre enfants, à partir des effets de l'explosion de nos décompositions familiales respectives.

Sadomasochisme, quand tu nous tiens ! Je me sentais responsable, impuissante des blessures de chacun d'entre eux.

Jusqu'en 2005, approximativement, nous avons cohabité tous les six, réunis dans un même appartement : Ghazi, ses enfants : Tylio (6 ans) et Laël (3 ans), un week-end sur deux ; et les miens : Penny (18 ans), Mia (15 ans) et moi, à temps presque complet.

Et jusqu'en 2012, les enfants de Ghazi seront, soit avec leur mère, soit avec nous, pendant des périodes excédant la règle juridique classique, sur simple demande de leur mère.

Mais toutes périodes confondues, les inconforts respectifs de nos enfants, à se complaire, dans un même lieu de vie, spectateurs astreints au bonheur absolu d'un de leur parent, étaient palpables. La greffe ne prenait pas pour ces familles décomposées qu'on exhortait à se recomposer.

—Qu'aurais-je dû faire ? Mon cœur était démembré entre mon amour maternel et celui pour Ghazi. Je n'étais pas câblée pour assurer ce rôle dans les contraintes que chacun formulait.

C'est fou ! Car finalement, le concept « famille » est connecté à cette fichue liste « aliénante » des règles ménagères. Et peu importe, sa composition. Elle se réinitialise automatiquement vous propulsant très naturellement au rang de « Chef de brigade » :

- Assurer un quotidien viable pour l'entente de mes deux filles.
- Tenter d'être disponible pour elles, ou pour chacune d'entre elles.
- Préparer les week-ends des enfants de Ghazi (activités, notamment).
- Pourvoir au budget familial car Ghazi vivait un ralentissement de son activité professionnelle.
- Aller travailler 5 jours par semaine.
- Et enfin, préserver nos moments de « nouveaux parents », ressource essentielle à l'équilibre de la nouvelle famille.
- Etc. (Et toute femme, sans en opérer une liste précise sait exactement tout ce que contient cet etc.)

Penny me livrait une bataille larvée. De mère et fille fusionnelles, nous étions passées à une relation conflictuelle, brutale, frontale, violente. Elle snobait Ghazy, qui, était vraisemblablement ressenti comme la mouche du coche.

Cette période, pour elle, pourrait être illustrée par cette phrase de Salomé Lelouch, lors de la rencontre de sa mère avec Pierre Arditti :

— Je ne comprends pas pourquoi il y a des gens qui ont des maisons et qui viennent vivre dans la maison des autres.

Elle aimait à me provoquer par des déclarations, sans aucun fondement et qui, reçues, malheureusement sans filtre, de ma part, m'irritaient outrageusement. Elle tapait toujours là où c'était le plus sensible pour moi : son avenir professionnel.

En mémoire, des extraits de nos acides conversations :

Penny :

— « J'ai décidé de partir aux États-Unis avec Gabriel. On a déjà tout organisé ».

Moi : *(tentant de me concentrer sur les carottes à éplucher et ainsi ne pas céder à l'énervement)*

— « Ah bon ! Tu es allée à l'Ambassade pour retirer ton visa, alors « ?

Penny :

— « Non, mais je vais le faire ».

Moi :

— « Tu sais que tu n'as pas de passeport ou pas de passeport en cours de validité « ?

Penny :

— « Non, mais je vais en faire la demande , c'est bon Maman ».

Moi :

— « Je vois que ton projet est encore très bien ficelé » !

Penny :

— « J'en étais sûre, je ne sais même pas pourquoi je t'en parle...Quoique je propose, ça va jamais de toute façon « !

Et là, nous montions toutes les deux, dans les tours, pour dévaler précipitamment les étages, exténuées psychologiquement par cette énième joute verbale, inéluctablement improductive pour la suite de nos rapports.

Tout l'être de mon cher enfant me vomissait. Je l'avais infectée d'un mal incurable qu'aucun sérum immunitaire ne pourrait, selon elle, guérir.

Mais, mon ange, il fallait, comme pour ta sœur et comme pour les deux enfants de Ghazi, apprendre à endurer cette douleur sourde. Et, grâce à vos minces pharmacopées, aujourd'hui, vous autoprescrire pour demain : cataplasmes, baumes pour l'adoucir, pour la soulager.

La durée de cicatrisation de vos cœurs blessés se conjuguera au temps des avenirs que vous construirez.

Vivre avec notre histoire mêlant la leur, accepter et apprendre à respecter les choix de leurs parents constituait l'option la plus raisonnable. Je sais, c'est très facile à dire...

En qualité de parent, je caressais le fol espoir qu'en aucun cas, cette fêlure sur leurs cœurs d'enfants ne devienne irréversible. L'amour de leurs parents, dans chacune des fratries, demeurerait toujours et sans aucune limite.

— Et croyez-moi, je sais de quoi je parle, l'Amour est un puissant analgésique pour les maux existentiels d'un individu.

Je dois vous dire qu'avant de se décider à venir habiter avec nous, Penny avait fait le choix de rester avec son père. Alors que nos départs à toutes trois avaient été programmés, cette nouvelle était tombée, le jour de la fête des Mères. Un vrai symbole !

— Était-ce son dernier stratagème d'énergie du désespoir pour que je reste ?

J'avoue que nous n'avons jamais eu l'occasion d'en reparler. Mais c'était un message subliminal pour notre futur.

Et, comme je l'avais pressenti, elle nous avait très rapidement rejoints. Mais elle n'a jamais pu trouver, auprès de nous, une place suffisamment douillette.

Ma seconde, Mia, avait assumé le choix de venir avec moi, dès la décision de séparation prise. Elle n'en était très certainement pas plus heureuse.

Mais elle avait noué une relation « apaisée » avec Ghazi, auprès de qui, cycliquement, elle déposait volontiers ses excédents émotionnels d'adolescente.

Tous les remous de ce divorce ont très souvent altéré mon discernement. Alors qu'avant, j'avais le sentiment de maîtriser mon rôle de parent. Là, j'hésitais, je tâtonnais. Je ne savais tout bonnement plus comment intégrer, traiter cette inconnue du divorce dans ce schéma éducationnel dogmatique sur lequel je m'étais toujours reposée.

L'humilité et la patience s'érigeaient dorénavant comme la seule référence exploitable et constructive.

J'étais consciente de rater beaucoup de rendez-vous précieux avec mes filles ; je n'étais plus leur confidente avisée alors que la promiscuité géographique du lieu aurait pu y contribuer. La seule raison : une atmosphère électrique !

Ne croyez pas que je cherche à me dédouaner mais des pauses de retrait de ce climat s'imposaient pour réguler tous les tumultes qui squattaient ma tête.

Je déambulais, sans aucun but, dans les rues de cette petite ville morne, où nous logions. Je m'asseyais sur un banc et tentais de régénérer mes forces pour assurer la suite.

Pour m'épauler, Ghazi prenait le bâton du relais avec Mia, plus accessible, pour lui, que Penny, sans doute. Ma cadette avait un moral en dents de scie. L'approche sans jugement, les paroles, la bienveillance, l'empathie de son beau-père parvenaient parfois à déballonner ses colères envers moi, envers sa sœur et in fine, envers elle.

Je te remercie également, Ghazi, de m'avoir appris à laisser dégorger mon handicapante impulsivité face aux attaques assassines de toutes parts. Car tu as raison : quand l'âcreté des reproches travestit l'exultation des chagrins, elle assourdit et insonorise toute la tonitruante clameur de nos : « je t'aime et je t'aimerai toujours ».

Pour Penny, après son départ de sa maison d'enfance, le lien avec son père s'était amèrement fracturé.

— Lui reprochait-elle de l'installer dans ce rôle pour panser ses lésions alors que les siennes étaient toujours à vif ? Voilà, encore, un sujet que nous n'avons jamais abordé ensemble.

Mia, elle, s'appliquait à conserver une régularité de visites chez son père (le classique : un week-end sur deux et la moitié des vacances).

Au début, elle en revenait dévastée, le dimanche soir. J'étais démunie. Elle a rarement évoqué ses séjours là-bas. Mais, pour elle aussi, toutes les plaies étaient ouvertes et tout aussi profondes.

Quelques flashes de ces moments incommodes où nous tentions, Ghazi et moi, de faire cohabiter des êtres résistants et totalement étanches à notre nouvelle union, réapparaissent parfois. C'était pathétique !

Ghazi :
— « Laël, laisse ta sœur, elle est dans sa chambre et ne veut pas être dérangée « !

Laël :
— « Maman m'a dit que ce n'est pas ma sœur « !

Thylio :
— « Pourquoi ce n'est pas toi qui t'occupes de nos devoirs Papa ? Maman dit que tant que tu n'es pas marié, ce n'est pas ta femme « !

Moi :
— « Essayez les filles de faire un effort pour moi, s'il vous plaît « !

Penny :
— « Mais Maman, je dois partager ma chambre avec ma sœur, à cause d'eux, un week-end sur deux, alors que nous avions chacune notre chambre, avant « !

Mia :
— « Et je ne veux pas être dans la même chambre que ma sœur, non plus « !

Penny et Mia :
— « Mais Maman, l'écart d'âges entre nous est trop grand. Et nous n'avons pas du tout la même éducation, les enfants de Ghazi sont insupportables « !

Aujourd'hui, nous pouvons l'affirmer : la mayonnaise n'a jamais pris entre eux. Et il en demeurera ainsi. Aussi, inutile de vous avouer qu'à partir de ce vécu, la notion de famille recomposée demeurera, encore longtemps, pour moi, un concept virtuel exclusivement juridique.

— Car, en toute objectivité, prenons un peu de hauteur et mettons-nous, quelques instants, à la place de ces enfants, happés par une aventure de vie de leurs parents : inédite, imposée et donc subie.

— Pour ce qui concerne Ghazi et moi, en toute conscience et en pleine responsabilité, nous avons exfiltrés nos enfants du premier endroit structurant de leur vie. Actons-le : le plus symbolique. Tous leurs enracinements se sont déployés là-bas, à proximité immédiate de deux parents, dont ils étaient la principale priorité.

— Pourquoi ? Pour intégrer, manu militari, une nouvelle communauté familiale : avec des membres qui ne se connaissent pas du tout, dans un nouveau lieu de vie où rien n'est stabilisé. Les deux initiateurs de ce projet étant eux-mêmes, parfois dépassés, par l'ampleur du défi à relever.

Mais, droits dans leurs bottes, ils ont décrété :

— Vous devez faire famille !

— Pardon ! Mais cela implique un niveau d'abnégation et de maturité d'âme pour y adhérer sereinement. Et on peut logiquement penser que si la décharge foudroyante d'un divorce peut pulvériser un adulte.

— Qu'en est-il pour un enfant ou un adolescent ?

Pour vulgariser la feuille de route de notre famille recomposée : évoluer plusieurs jours dans un foyer où un de ses parents se noie dans l'effroyable détresse du deuil d'une vie ; puis être transféré vers une maison, sans aucune fondation, où la colocation est impérative et immédiate, avec des profils que la machine aurait, peut-être désignés, comme incompatibles !

— Quel adulte accepterait une telle violence ? Pas moi, en toute vérité, même si mes parents, vous le savez maintenant étaient « borderline » !

Je pense pouvoir admettre aujourd'hui que c'est une épreuve de vie terrifiante, excessive et même morbide, à certains égards, pour des enfants et pour ce qui est de notre expérience. Elle laissera forcément des traces.

En conséquence, chez nous, chaque membre de cette famille recomposée s'y est soustrait, dès qu'il le pouvait.

Moi, cette réalité me consumait, à feux doux. Fataliste, Ghazi était plus détaché : « Wait and see » ! Répondait-il à mes désenchantements. Le temps fera son œuvre. Il avait tort sur ce sujet et je le présumais déjà.

— Pourquoi ? car nos murs transpiraient les effluves d'une ambiance suffocante. Mon cœur retenait ses battements car tout pouvait vriller d'une minute à l'autre.

En surplus du quotidien, c'est la cohabitation entre mes deux filles qui devenait de plus en plus anxiogène.

— On se moque des enfants qui justifient leurs mauvais coups par ce gémissement : c'est lui qui a commencé ! Or, aucun conflit d'adulte ne trouve sa genèse ailleurs.

L'Aînée souhaitait asseoir son autorité sur une cadette qui ne l'acceptait pas. J'entends Penny m'apostropher :

— « À son âge, je n'avais pas de portable et encore moins de piercing ».

— « Mia n'a aucun respect, ni pour moi, ni pour toi. Pourquoi tu la laisses te répondre ».

Comment faire comprendre à Penny, à ces moments-là, que l'éducation n'est pas un système qui se reproduit à l'identique et à l'infini. Des facteurs environnementaux, notamment, dévient cette ligne dogmatique qui avait été tracée initialement. Chaque enfant en bénéficie ou en est privé.

La qualité de communication de leur sororité reposait sur des béquillons fragiles et trop éphémères pour en assurer une stabilité durable.

Une phrase m'est revenue, lors de ce passage de fortes émotions entre elles :

— Ta sœur est ta plus vieille amie. Et aussi la meilleure. Celle qui te critique le plus mais aussi celle qui est ta plus féroce protectrice. Ça peut te rendre folle et te faire pleurer ; mais c'est aussi la seule personne que tu aimeras sans conditions, quoi qu'il arrive.

J'attendais ardemment que la dernière partie de cette citation se révèle. Car leurs relations atteignaient, déjà, un niveau d'hostilité, de malveillance et même de détestation qui devenait particulièrement alarmant, inquiétant…

De cette période de plein chaos, Mia a tenté de m'alerter à sa façon de ses limites mentales : Se soustraire définitivement à cette nouvelle famille a été son échappatoire.

Mais Dieu soit loué, ce n'était pas son heure…

Quant à Penny, elle se cherchait personnellement, professionnellement, en slalomant entre confusion et chahut dans sa tête d'adulescente. Face à moi, j'avais un personnage que je ne connaissais pas, que je ne reconnaissais plus. J'étais complètement désemparée…

Et le soutien balbutiant de Ghazi pour elle, était inopérant. Avec elle, il marchait sur des œufs. Et son père, toujours aux abonnés absents.

Quand nos enfants étaient réunis tous les quatre, toutes les quinzaines, leurs rapports étaient quasi inexistants. L'amour, l'empathie, la bienveillance n'ont jamais triomphé.

Pour les échanges entre Penny et moi, ils s'inscrivaient inévitablement dans l'adversité dont les effets étaient de moins en moins contrôlables.

Et entre Mia et moi, qui était celle qui passait le plus de temps avec nous, ses fins de journées donnaient le ton de nos soirées, lorsque nous étions tous les trois.

Je rentrais du bureau vers 17 heures. Penny m'avait prévenue qu'elle ne rentrerait pas dîner. Elle passait beaucoup de temps avec son nouvel amoureux.

En entrant, une délicieuse odeur de crêpes flottait dans l'appartement. Mia avait investi la cuisine et nous conviait chaleureusement, Ghazi et moi, dans une minuscule parcelle du petit jardin de son cloître d'adolescente, dont elle seule avait la clé.

Je m'y vautrais avec délectation. Nos échanges devenaient une cascade de fous rires. C'était magique et je flottais à l'identique de nos têtes à tête, avec Ghazi.

Elle semblait tellement heureuse, alors…

Seulement, cet éphémère était vite archivé dans les souvenirs parce qu'une tempête, au large de mes illusions, s'abattait toujours.

Face à de telles montagnes russes, il m'est apparu évident que la séparation de cette sororité exponentiellement explosive était le sujet du moment. Et, de mon côté, il était vital de soigner ma santé mentale.

N'allez pas penser qu'il a été aisé de trancher. Me couper un membre aurait été plus indolore. Cette vague des questionnements, gavant ma culpabilité maladive, a maintenu intacte mes insomnies.

Et rien n'exonérera ma responsabilité personnelle dans cette décision. Comme dans « le choix de Sophie », mon cœur de mère s'est troué quand Penny a souscrit à ma demande de s'installer chez son oncle, à Paris.

Avec le recul, il s'est avéré que cette option a emporté le meilleur de notre relation : la confiance.

Évidemment, les conséquences ont été cataclysmiques.

La traversée de nos déserts a été interminable, pour elle et pour moi, enfin je l'imagine. Elle vadrouillait, à l'aveugle, à la recherche d'un point d'ancrage. Elle a toujours refusé ma main tendue. Je la comprenais.

C'était une impardonnable trahison de ma part ! Elle avait été sacrifiée, sur l'autel d'un de mes choix de vie qu'elle ne se résolvait pas à accepter.

Sa boussole professionnelle l'a emmenée vers celui qui deviendra son conjoint et le père de ses deux filles. Ils se sont accrochés, l'un à l'autre, comme au rocher qui nous aide à reprendre notre souffle, après une longue traversée dans un océan déchaîné.

Elle l'a reconnu comme l'Homme de sa vie. Notons qu'il transportait une valise d'existence bien garnie.

Mais, chemin faisant, Penny semblait enfin plus heureuse... Même si j'ai capté que convoler en juste PACS, dans la précipitation, n'était qu'une étape pour se reconstruire, après le divorce de ses parents.

Je savais que tôt ou tard, elle irait chercher ce qui la comblerait, ce qui la nourrirait et ce qui l'équilibrerait. Elle avait moins d'une vingtaine d'années…La vie était devant elle.

Pour avoir occupé ce même positionnement avec son père, il est vrai que je n'ai jamais été dupe des raisons inconscientes qui conduisent un couple à sur exhiber son bonheur aux yeux des autres.

— Quand les sentiments amoureux que vous convoitez s'émoussent entre votre partenaire et vous, quand êtes-vous prête à le donner à voir aux autres ?

— Et si d'aventure, les autres le percevaient, à votre insu, sont-ils suffisamment courageux et honnêtes pour vous interpeler sur cette intimité-là ?

L'entrée dans sa nouvelle vie avait été rapide pour Penny. Je l'observais et parfois je me risquais à glisser :

— « Tu sembles avoir perdu ta gaîté ma puce. Je n'entends plus tes éclats de rire communicatifs, que se passe-t-il « ?

Penny :

— « Mais Maman, s'occuper d'un foyer et être en couple, c'est un apprentissage auquel je me frotte, c'est tout ! »

Par lâcheté sûrement, lors de l'union de Penny et Kami, je n'aurais absolument rien tenté pour altérer leur bonheur naissant.

Ma gouverne était de valider tout ce que Penny me proposait, au nom d'une hache de guerre, dont le manche était encore enterré trop superficiellement.

Je me revoyais à son âge où « tout tournait mais finalement rien ne m'amusait ». Je devais être heureuse, c'était une nécessité. Et personne ne devait en douter.

— Que verrait Penny, lors du prochain réveil, dans son miroir aux alouettes ?

Mia, elle, se réaccommodait d'une configuration familiale à trois, pendant quinze jours et à cinq, pour le week-end. Elle devait préférer nos semaines à trois, même si pendant certains week-ends à cinq, nous vivions quelques moments suspendus.

Et puis, sans crier gare, sa joie de vivre, se brouillait, s'estompait, disparaissait même. Des moments à deux auraient pu chasser cette sinistrose flottante de l'adolescence. Aujourd'hui, j'en suis absolument certaine. Mais à cette époque, j'étais juste épuisée et j'avais beaucoup de mal à provoquer nos têtes à têtes…

Par bonheur, il existait un antidote radical à la tristesse de Mia. Si, son petit copain de l'époque passait sa tête dans l'entrebâillement de la porte de notre appartement, alors il devenait l'illusionniste de ses parenthèses magiques.

Je me souviens, les avoir regardés tous les deux, d'être restée béate au spectacle de leur bonheur fugace, mais tellement ressourçant pour ma fille.

Il y avait, bien sûr, d'autres occasions qui me permettaient de me délecter des bouts de bonheurs de Mia.

J'aimais écouter ses récits croustillants : Qui, d'un 18/20 porté sur sa copie par la prof de philosophie, dont elle louait la pédagogie originale ; ou les arguments défendant le look d'un copain excentrique auprès de certains détracteurs, ou d'une séance de cinéma partagée, sa main dans la mienne ; ou encore d'un après-midi de lèche-vitrine.

Ces instantanés furtifs et insaisissables de sérénité de vie, que le temps gomme trop vite, vous enjoignent à profiter du moment présent !

Ces épisodes exquis, étaient d'autant plus précieux que Penny m'avait consignée, hors de son champ de vie. Les rares nouvelles d'elle, l'étaient, à ma demande et très sporadiquement par elle. Trop de ressentiments radioactifs, des non-dits pouvaient réactiver des relations mère fille, encore sous haute tension.

Les fondations de ma nouvelle vie étaient friables ! Je le savais. Que de trous à colmater ! Que de réparations à planifier ! La culpabilité poursuivait son entreprise de démolition de mon équilibre mental.

Quelques années plus tard, à ses 18 ans, j'ai également demandé à ma fille cadette, Mia, de prendre son indépendance. Elle a été installée dans une résidence d'étudiants, dans la même ville que nous.

— Encore le choix d'un bonheur « égoïste », me reprocherez-vous !

Eh bien, je pense aujourd'hui qu'il n'en est rien. Ces injonctions de ma mère à dégager le plancher, avant même la majorité légale, alors qu'un temps supplémentaire vous conforterait à un statut d'adulte plus affirmé, j'en ai douloureusement souffert.

— Alors, sont-ce les réminiscences de cet animal sauvage qu'était ma mère qui pouvait piquer pour tuer quiconque entraverait sa liberté d'être ? Je n'en sais fichtre rien. Ce que je sais c'est que je n'étais certainement pas programmée pour gérer l'Adolescence. Je n'avais aucun modèle, ni référence.

Aucun de mes frères, partis avant moi, n'avait pu faire ses classes.

Le grand bain de la vie, dès que possible, était mon seul repère.

Comme un enfant battu qui devient souvent, envers et contre lui, un parent qui bat, cette douleur profonde de l'abandon que mes géniteurs m'ont fait subir, a été rétrocédée ; oserai-je dire, sans aucun filtre, à mes filles.

Je n'en suis vraiment pas fière, vous vous en doutez. Et cela demeurera, à tout jamais, un échec cuisant porté au débit de mon actif de mère.

— Puissent-elles aussi, un jour, me le pardonner ?

C'est au détour d'une visite médicale chez mon généraliste, que mon hypertension artérielle a été diagnostiquée. Un message insidieux pour m'alerter de la limite de ce que ma personne pouvait endurer. J'ai complètement balayé cette alarme médicale.

— Pourquoi ? Parce que mes filles exploraient des histoires d'amour naissantes. Et que la magie de ces moments me remplissait de joie. L'heure n'était donc pas à me soigner. J'avais soif de cette douceur de vie retrouvée à l'époque.

Nous avions déménagé dans un appartement plus grand, où toute la nouvelle famille et les partenaires de mes filles semblaient avoir plaisir à se rassembler.

Les visites de Penny et Kami se sont alors intensifiées. Et leur foyer constituait également un espace pour nos rendez-vous familiaux. Nous fêtions les Noël, les anniversaires, la naissance de ma première petite fille.

Les partenaires de mes filles se sont prêtés très généreusement à ces instants privilégiés.

Nous planifiions, même, des petits séjours tous ensemble ; ou juste entre filles. Marrakech, Barcelone, Ajaccio, Fort de France étaient des destinations qui nous recentraient sur l'essentiel : profiter et partager des moments ensemble.

Tenter d'être heureux, malgré la présence de nuages gris, parfois noirs au-dessus de nos têtes. L'heure des règlements de comptes n'avait pas encore retenti.

Et qu'à cela ne tienne ! Mes filles semblaient heureuses, alors je l'étais aussi. J'étais focus sur cela. Très naïvement, je considérais que la tempête était peut-être derrière nous, surtout quand fugacement, une embellie dans le ciel d'azur alignait toutes nos planètes.

Peu importe, savourez le moment présent, c'est tout : « *Tourne-toi vers le soleil et l'ombre sera derrière toi* « **proverbe maori**

— Le bonheur tient à très peu de chose.

— Mais qu'en est-il de sa réelle définition ?

— Être heureux pour les autres ?

— Être heureux pour soi ?

Pour les études, Penny se cherchait toujours. Mais dans ses nouvelles options, la route de l'Université semblait se profiler. Même si son Kami assénait que les études supérieures n'étaient absolument pas nécessaires.

Il est heureux qu'elle n'ait pas relayé ce parti pris.

Pour ma Penny, il s'agirait de la psychologie du Travail (en préparant un Master 2).

Finalement, l'ambition parentale ou elle vous dirait plus précisément « l'injonction matriarcale » inconsciente qui pesait sur elle, depuis toujours, qui avait tout ignoré d'abord de ses doutes, puis de ses envies et enfin de ses rêves, repointait son bout de nez.

Certes, c'est vrai, je n'avais jamais pris le soin de lui poser cette question : « Aller à l'Université, est-ce une éventualité pour toi ?

Sans doute parce que je savais au plus profond de moi qu'elle n'aurait pas pu négliger longtemps ces études supérieures. Nous habitions en France, c'était encore un incontournable dans les années 2000, sauf à avoir été touchée par la grâce du génie ou la magie d'un talent.

Et puis, si je peux faire une pause sur Penny. Et je l'entends, déjà au loin, si elle consent à me lire :

— « Oh, Maman, tu ne vas pas encore reparler de cela ».

— Bien sûr que si, ma chère fille, je vais prendre un temps pour m'y attarder.

Elle était une élève brillante pas seulement intellectuellement parlant. Car elle disposait d'une maturité d'esprit qui lui a conféré, très tôt, une intelligence intuitive.

J'étais si fière d'elle, de ce premier enfant, dont j'avais déclenché, précipité même, la conception à coups de pilules stimulant mes ovulations. Je l'ai tellement désirée !

J'ai été follement amoureuse de cette petite fille. Mais je l'ai inscrite, inconsciemment, dans un destin macabre.

Elle a reçu ce legs de soigner les carences affectives de mes parents ; et elle devait également incarner cette enfant version fantasmagorique que j'aurais dû être, si mes parents avaient été « aimants ».

En exemple : son parcours d'études supérieures n'était pas négociable. Normal ! Mes études se sont interrompues au Certificat d'Aptitude Professionnelle (CAP) de secrétariat, que mes parents ont considéré comme le Graal. Leurs décisions de m'envoyer travailler, après l'obtention de ce diplôme, m'ont tout simplement foudroyée…

Alors oui ! Sur les fondements de dogmes psychologiques que je ne connaissais pas, à l'époque, Penny, il est indiscutable que j'ai souvent décidé à ta place, jusqu'à t'effacer, souvent.

Pardon encore. Et c'est bien grâce à toi, aujourd'hui, que je mesure ta demande criante de faire évoluer notre relation : adoration/détestation/ et renaissance de notre Amour aujourd'hui, sous une autre forme, respectueuse de chacune.

Pour Mia, mes attentes ont été, sans aucun doute, moins oppressantes. Avoir échappé à la perte d'un enfant, quand vous êtes parents, vous marque pour toute une vie. Sa place de deuxième lui conférait également la possibilité d'affirmer davantage ses choix.

Elle les défendait avec une surprenante pugnacité et avec une détermination convaincante, de sa hauteur de collégienne fraîchement inscrite.

Enfant et dernière de la fratrie, elle bénéficiait, inconsciemment, de cette tolérance éducative. Son regard, ses sourires, ses mimiques et même ses larmes pouvaient suffire à atténuer ou à effacer toute envie de réprimande, même si vous saviez qu'elle était méritée.

Nous cédions minablement au jeu de la séduction que maîtrise parfaitement le dernier de toute fratrie.

Comme diraient certains : « Il pourrait faire caca sur la table, vous applaudiriez encore ! ».

À cause d'une maladie infantile grave et grâce à sa capacité à charmer son entourage, elle a bénéficié d'un régime de faveur par rapport à sa sœur, je l'admets.

Dans son parcours d'études, ses chemins de traverse l'avaient emmenée vers une école préparatoire, après le bac, avec un résultat très peu probant.

En retournant à l'Université, elle avait déclaré que ses incisives n'étaient pas suffisamment acérées pour occire ses deux voisins de pupitre.

Après un stage, en licence, passé dans un cabinet d'avocat parisien, elle a succombé aux appels de la Robe. Elle avait trouvé là, un espace pour exister, pour s'exprimer, pour s'épanouir.

Défendre les intérêts des autres, en Droit de la Famille (quelle surprise !) est devenu un objectif prégnant, même si quelques doutes sont venus la bousculer, avant de réussir au Certificat d'Aptitude à la Profession d'Avocat.

Bref, maintenant, elle était à sa place professionnellement parlant.

Finalement, ce divorce n'avait pas tout brisé. Avec mon ex-mari, les relations étaient toujours aussi froides mais, il avait consenti à entrouvrir, depuis plusieurs années, une petite fenêtre de tir : des réponses à mes mails, à mes SMS. Et le plus improbable : des vraies conversations téléphoniques qui nous permettaient de faire le point sur le quotidien de nos filles.

Et qui aurait présumé de sa part qu'il répondrait favorablement aux demandes de Penny et de Mia, une fois adultes, de passer des moments tous les quatre, autour d'un bon repas, au restaurant, ou chez moi, ou chez lui ?

— Vous ne pariez pas ? Eh bien, dommage, vous auriez pu gagner le gros lot !

Le bilan : j'avais été mère à vingt-deux ans, j'avais divorcé à quarante. Ma connaissance de moi-même était proche de 0.

Mes filles étaient maintenant des femmes en devenir, flanquées d'un accident de vie, le divorce de leurs parents, avec lequel elles tentaient de se débrouiller. Mais désormais elles se tournaient vers un destin qu'elles entendaient piloter.

Mon œil moins inquiet les accompagnait et le reste de mon corps restait dédié à mes beaux-enfants. Sitôt un incendie maîtrisé, je le croyais, que les flammèches d'un autre grésillaient ! La préadolescence et l'adolescence avaient déjà gagné les deux garçons de mon mari.

L'agitation secouait de nouveau nos vies.

L'actualité, pour eux, était de gérer le conflit de loyauté envers une mère groggy par la douleur, terrassée par le départ de son mari, alors que leurs enfants n'avaient que 3 et 6 ans et moi, cette belle-mère invasive.

Je me suis toujours demandé si j'aurais résisté à un tel accident de vie. Le spectacle de leur mère anéantie, pendant tellement d'années, les a empêchés de lier une relation honnête et sincère avec moi.

J'étais celle qui avait cassé leur famille, qui avait volé leur père.

Je le comprenais et tentais de l'assumer. C'était très compliqué de m'attacher à eux en conservant la bonne distance. Et leur père ne s'est jamais constitué en trait d'union efficient. Cet espace vacant me confinait à la frontalité des relations avec mes beaux-fils.

— Tiens ! Cela me rappelle le schéma d'un modèle de parentalité déjà vécu. À une place différente, certes, mais même pipe, même tabac ! Sauf qu'il s'agirait maintenant de trop de « beau-matriarcat » ! Et, je me retrouve encore au cœur d'une histoire qui se répète. Cette fichue place que l'Autre ne prend pas. Et pour ce type d'hommes là, la responsabilité de leurs politiques parentales de pourrissement incombera obligatoirement à l'autre, sur la base d'un motif imparable : « A chaque fois que je veux intervenir, tu me dames le pion. ». J'entends et, en conséquence, il s'agirait juste d'un problème de réactivité à traiter ?

Ghazi semblait surtout empêtré dans sa séparation difficile. Paradoxalement, il était à l'aise avec Mia, avec qui, le rapport était fluide. D'ailleurs, Tylio et Laël ont considéré un temps, à tort, qu'il la préférait à eux. Ce qui n'était absolument pas le cas. Face à ses enfants, je le sentais désarmé. Il est vrai qu'ils étaient les porte-parole des attaques les plus assassines de leur mère. Mais il s'est toujours refusé à en devenir la caisse de résonance.

Pour certains parents, l'Amour est juste évident, aucun besoin de fournir des preuves ou de se répandre en démonstrations. Pourquoi pas, chacun fait selon sa nature. Toutefois, face à des enfants, c'est un discours difficile à tenir. Et, je n'y adhérerai jamais.

J'ai donc dû gravir à nouveau ces montagnes russes émotionnelles pendant une nouvelle décennie. Évidemment, cela n'aura pas été sans conséquence sur notre couple :

- Les disputes et les conflits récurrents, réguliers autour de son absence auprès de ses enfants,
- Ce statut de « psy », par téléphone, que son ex-femme lui faisait endosser, sans aucune résistance, et qui venait brouiller l'intimité de nos échanges, jusque dans notre lit conjugal,

- Les sujets financiers, surtout, qui annihilaient toute tentative de communication apaisée, constructive et productive.

Bilan : le lien de confiance qui nous avait unis, au début de notre belle histoire d'amour commençait à s'effilocher, sévèrement.

Au bureau ou à la maison : les conflits résonnaient à très haute intensité.

J'étais malheureuse partout.

— Eh oui, vous avez parfaitement raison et je vois que vous me connaissez maintenant : j'ai ressorti cette belle vieille boîte à outils pour en extirper l'élément le plus tranchant.

Il me fallait agir vite avant que le tout ne pourrisse. Déjà, une coupure nette avec ce monde du travail qui ne me nourrissait plus, a stoppé la gangrène de cette partie de ma vie.

J'ai donc démissionné pour ne pas exploser, en vol, à cet endroit de mon être. C'était parfaitement irréfléchi et sans l'imaginer, cette coupure nette aura des conséquences actives et directes sur mon couple.

Jessica James a écrit sur la famille recomposée, voilà ce qu'il ressort vraisemblablement de son expérience. C'est un peu le chemin que j'ai emprunté :

« Ne vous inquiétez pas si vous n'êtes pas une famille
recomposée, instantanée et heureuse pour toujours.
Attendez-vous à endurer des jours où « j'abandonne »
« Et réjouissez-vous des jours où « je peux le faire »
Il faudra du travail, du dévouement, un excellent sens de
l'humour et une forte détermination. Mais, bon depuis quand
une famille a-t-elle choisi la voie facile ?
Ne faites pas facile, faites : ça vaut le coup «

2011 – 2014 : Ainsi soit-il !

« *Chaque fin peut être un nouveau départ, si vous savez avancer sans rester tourné vers le passé, tout en emportant dans votre baluchon, tout ce qu'il vous a appris.* » **Isabelle Filliozat**

Revêtir la Robe était enfoui au plus profond de mes souvenirs. Quand l'école m'interrogeait sur mon devenir, deux professions s'imposaient : Avocat. Ce premier choix était un rêve d'enfant alimenté par des films outre-Atlantique, visionnés en boucle et où le Tribunal était l'acteur central. Les effets de manche, l'éloquence et les plaidoiries percutantes qui sauvent la tête d'un individu, me fascinaient.

Maintenant, vous l'avez sans doute compris, je suis une cinéphile. Pour comprendre ce désir de défendre les intérêts des autres, je vous invite à visionner : « les Hommes d'honneur » de Rob Reiner ou encore « le droit de tuer » de Joël Shumacher. Mais, il y en a tellement d'autres…

Fantasmagoriquement, le titre de « Maître » et le décorum autour m'apparaissaient comme le summum de l'aboutissement d'une vie professionnelle…. Je devais aller jusqu'au bout de ce rêve d'enfant que mes parents avaient brisé.

Second choix : Institutrice. Pourtant, dans la maison de mes parents, aucun livre, aucune place pour la culture dite classique. Sans répudier l'héritage musical (toutes musiques confondues) que nos parents nous ont offert.

Juste çà et là, des journaux qui vendaient les probabilités de courses hippiques pour une mère, déjà dit, accro aux champs de courses.

Et pour mon père : déjà dit également, l'Équipe, avec ses pages froissées, remplies de performances sportives. Chacun des deux dévorait quotidiennement ses feuilles de chou, au contenu insipide.

Alors que la belle nourriture de l'âme d'un livre relié avec une couverture en cuir rouge, emprunté à la bibliothèque, me captivait. J'ai, depuis l'enfance, entretenu un haut respect pour les livres. Ne pas en prendre soin, les abîmer volontairement est un forfait que j'excuse très péniblement.

Pour réaliser un de ces deux rêves ou pourquoi pas les deux, en observant attentivement et interminablement le quotidien de mes parents, de mon poste de garde familial, j'ai très tôt compris que l'éducation et la formation seraient les deux seules clés à   activer pour faire descendre l'ascenseur social, en marche forcée, jusqu'à mon entresol.

Aussi, cette dernière prise de tête avec ma hiérarchie professionnelle devait m'être salutaire.

Je vous sens suspendus à mes lèvres, allez lâchez-vous, vous avez le micro :

— « Mais que va-t-elle faire « ?

— « N'est-ce pas immature de mettre fin à une carrière professionnelle de vingt ans « ?

— « De quelles ressources disposera-t-elle pour rebondir maintenant « ?

— « Un boulot de fonctionnaire, ça ne se jette pas à la poubelle ! Et la sécurité de l'emploi, alors « !

La lecture et aujourd'hui Internet étanchent toute soif de connaissances pour celui qui en réserverait un usage avisé et surtout critique.

Grâce à ces puits inépuisables d'informations, j'ai capitalisé tout ce que j'avais ingurgité sur la réorientation professionnelle des fonctionnaires de l'État, dont j'étais un spécimen à l'échelle territoriale.

À l'instar de Nicolas Sarkozy, de François Fillon, de François Copé, de François Hollande et de combien d'autres encore, une passerelle juridique existait pour passer du fonctionnariat au Conseil.

En effet, ma spécialité en droit dans la Fonction Publique Territoriale m'autorisait à fouler cette plateforme et à la traverser pour devenir avocate, en continuant à faire exactement ce que j'avais toujours fait pendant vingt ans.

Grâce à mes futurs Confrères, qui étaient, jadis, les clients de mon ex-employeur, je m'étais formée, à leur insu. Passé la cérémonie d'adoubement par mes pairs, je suis devenue avocate publiciste dans un barreau prestigieux.

Et, chemin faisant, quelques années plus tard, le titre d'avocat formateur a contribué à me tourner vers le public adulte. Et ainsi, d'une pierre, deux coups : Défendre et Former !

C'était la concrétisation d'un projet à double épanouissement : Réaliser deux rêves tout en m'acquittant de cette autorité hiérarchique pyramidale, qui n'est jamais parvenue à me dégauchir.

Mon instinct s'était encore manifesté. Ce départ précipité de l'administration publique n'a jamais été planifié. J'ai juste écouté plus attentivement cette petite voix qui murmurait au fond de moi, depuis quelques années, et qui montait, de plus en plus, dans les octaves.

Avec une confiance en moi plus musclée, j'aurais sauté le pas bien avant. Et en y repensant, je crois aussi que le statut d'indépendant de mon mari réalisateur a encouragé et finalement renforcé ce choix.

Cet exercice libéral de ma nouvelle activité professionnelle a changé mon rapport et ma relation au travail, à tout jamais.

Mes souvenirs sont maintenant trop flous pour expliquer la forte détermination et la hardiesse affirmées de réseauter en Martinique. Les origines culturelles de mes parents peut-être, qui étaient retournés vivre à Fort de France, pour leurs retraites…

Je pense que c'est beaucoup plus profond que cela car nos relations ont toujours été désastreuses.

Je postulerai plutôt pour l'adage : « *Celui qui oublie ses racines n'atteint jamais sa destination* » **Proverbe philippin**

C'était plutôt confus à l'époque mais je crois que le temps de la réconciliation entre les deux parties de mon être était imminente. L'éclat incandescent du blanc de mon moi intérieur, lustré obliquement par une République une et indivisible, devait désormais exhorter à la fierté, les pigments de ma peau, trop longtemps livrés au racisme social de mon pays de naissance.

Que le chemin avait été long et rude avant ce fanion d'arrivée. Mais il touchait à son terme pour investir, enfin, cette identité tant niée et négligée. C'était cela finalement : j'étais une Française d'ici et de là-bas et ce ne serait plus jamais un gros mot pour moi.

Et en foulant ces terres ultramarines, j'ai mesuré la richesse que ma double culture offrait. Plus aucune revendication patriote, quel que soit le côté de l'Atlantique, ne s'imposerait à moi, désormais.

Bref, cette terre de mes ancêtres a très chaleureusement accueilli mon expertise juridique. Les possibles qu'elle me promettait, ont stimulé et ont concrétisé toutes mes ambitions professionnelles, en ce début de seconde carrière.

C'était pleinement euphorisant, galvanisant ! J'avais le sentiment que j'étais attendue depuis longtemps. Et quand l'avion atterrissait sur le tarmac de Fort de France ou sur celui d'Orly, ce sentiment d'être de retour à la maison était net.

Je me sentais tellement accomplie, à la tête de « ma petite entreprise ». J'avais toujours ce sentiment ambivalent de jouir de ce bonheur comme d'un interdit. En effet, il me paraissait indécent de partager cet épanouissement avec quiconque.

Faire rayonner son bonheur est toujours délicat. Car être heureux pour les autres exige un très haut niveau d'abnégation. Et consentir à cette pleine bienveillance, peut-être impossible voire insupportable pour beaucoup.

« Le bonheur des autres est cruel. Il vous tend un miroir sans pitié » Laetitia Colombani

J'ai donc choisi de préserver Ghazi de l'étalage de ce bonheur du moment car je ne savais pas si cette nouvelle situation de vie de notre couple à distance, née d'un choix exclusivement personnel, le ravissait réellement ou pas.

Hormis l'atteinte de cet accomplissement professionnel, les territoires géographiques ultramarins étaient tout simplement idylliques (mer bleue, sable blond, un soleil de plomb permanent) : un rêve éveillé pour moi qui ai toujours eu du mal à affronter le froid, je crois vous l'avoir déjà dit..

Mes fréquences de retour sur Paris se comptaient en quinzaine, parfois un mois. Ghazi venait parfois, me rejoindre pour interrompre, d'un épisode « amoureux », ma série de formations saisonnières, dont la durée était sine die.

Il semblait qu'à ces occasions, nous refaisions couple, l'exotisme du lieu s'y prêtant. Mais très lucidement, même côte à côte, à Fort de France, nos esprits n'étaient jamais longtemps en harmonie.

Notre passif de couple plombait désespérément sa valise et la mienne. Le sentiment amoureux était encore là, mais les petites attentions, les expressions tactiles tellement naturelles chez l'un et tellement savourées par l'autre, avaient disparu.

— Étais-tu heureux pour moi ? Soupçonnais-tu, qu'ici, j'étais parfois honteuse d'être aussi épanouie, sans toi ?

— À qui, à quoi fallait-il attribuer la responsabilité de cette susceptibilité qui finissait toujours par altérer notre connivence ?

— Pourquoi autant de bouderies à coups d'ego à fleurets mouchetés, pourquoi autant d'amertume, de rancune sur des non-sujets ?

Trop de parasitages au cœur d'un amour qui résistait de plus en plus mal.

Notre manière de communiquer était devenue plus rude, plus cinglante, plus humiliante l'un à l'égard de l'autre. Les parenthèses sans communication entre nous, ici ou là-bas, après des disputes stériles, devenaient plus fréquentes et avaient une fâcheuse tendance à s'éterniser.

L'air avait cessé de manquer, en l'absence de l'autre. La vie poursuivait son cours, tant pis pour lui, tant pis pour moi.

— Cela dit, tenter de snober la chance d'avoir trouvé votre âme sœur, quand l'amour vous transcende encore : Essayez, moi, je ne pouvais pas ; je ne le voulais pas !

Et, à 8000 kilomètres de lui, quand, pour moi, les souvenirs de nos moments passionnés s'invitaient, dans mes soirées solitaires, alors c'était l'occasion de renouer un contact téléphonique, plus apaisé.

Sachant que la seule étincelle d'un mot pouvait raviver la brûlure encore vive des paroles blessantes du conflit précédent.

Il ne l'a même jamais soupçonné, tant ce type de démarche n'intègre pas son éducation, mais une seule phrase de sa part aurait pu dissoudre les restes de débris de ma rancune face à ses critiques acerbes, comme par exemple :

— « Je suis désolé ».

— Ou encore, « accepte mes excuses pour ce que je t'ai dit et que je ne pensais absolument pas « .

Mais rien ne venait… Jamais. Ce sont des mots qu'il ne prononce que très rarement, excepté, à la demande de l'offensé ; ce qui évidemment ne résonne pas pareil pour l'âme blessée. Un peu comme s'il perdait, s'il les prononce, quelque chose de ce qui le tient debout !

Vue extérieure, c'était un homme charmant, généreux, à l'écoute et bienveillant.

Vue intérieure, je le savais maintenant, il n'était équipé ni pour être un parent présent et attentionné, ni un mari qui soutient, qui porte, qui rassure et encore moins un bon gestionnaire financier.

Ce sont, sans nul doute, l'accumulation de ces écueils qui invalidait, en partie, la stabilité de notre couple, après une dizaine d'années de vie commune.

Pour lui, quand je revenais de mes missions, il était évident que la prise en charge de ses enfants m'incombait encore. Cette relation en trio, dans laquelle il a souhaité nous placer, était consciemment refusée par ses enfants et inconsciemment rejetée par moi-même.

C'était un rôle dont je ne voulais plus finalement. Et pourtant, par amour pour lui, je l'ai endossé encore et encore. Parfois, je revenais de mes îles, à reculons. Mes retours se faisaient plus maussades alors que nos retrouvailles auraient dû me ravir.

Effectivement, j'étais angoissée à l'idée d'avoir à livrer un sempiternel combat contre deux adolescents dans un débat parfaitement improductif comme :

À Thylio
— « Tu peux te tenir correctement à table, s'il te plaît « ?

À Thylio, encore
— « Arrête d'engloutir ton assiette, prends ton temps pour mâcher » !

À Thylio et Laël
— « S'il vous plaît, rangez vos Play station, cela fait maintenant deux heures que vous êtes sur écran « !

À Thylio et Laël encore
— « Une sortie culturelle est prévue cet après-midi ».

Ils répondaient en chœur :

— « On a pas envie d'y aller » !

La plupart de leurs réactions s'inscrivaient, de facto, et c'était tellement évident, dans une posture de défiance et/ou d'opposition.

Et, toi, tu étais là, tu demeurais juste un spectateur. Jamais tu n'anticipais ce rôle de parent qui aurait pu largement contribuer à éteindre des conflits latents. Cette capacité d'inertie, chez toi, m'a toujours impressionnée mais sur le tard plutôt horripilée, tant je pressentais les dégâts qu'elle aurait sur eux, sur nous.

— Que j'eus voulu que tu interviennes avant moi, que tu rentres dans ce rôle de père, tout simplement.

—Car du potentiel, il y en avait, chez tes enfants, mais pas suffisamment pour lutter sans toi, contre leurs démons de la fainéantise ou encore tout simplement contre l'addiction aux jeux vidéo.

La relation entre son ex-femme et mon mari était encore sulfureuse et les effets collatéraux rejaillissaient inévitablement et douloureusement sur les deux enfants.

Mes départs pour Outre-Atlantique étaient un réel refuge de sérénité et de paix intérieure. Et pendant mes absences, l'aîné séchait les cours. Il était revenu vivre avec nous, mais n'avait de cesse de retrouver le domicile maternel dont il avait été chassé, en raison du climat délétère qu'il y faisait régner.

Le second, plus choyé par sa mère, livrait le minimum syndical scolaire.

Mon cher mari, lui, s'accommodait assez bien de cette situation. Ses fils hurlaient leurs souffrances, mais il misait sur leurs capacités respectives à encaisser ces évènements de vie que je savais, d'une violence inouïe.

Il t'aurait pourtant été facile de leur donner un peu plus de ton temps, pendant mes absences.

Parfois, lors de mes retours, il y avait, quand même, des moments bénis où l'atmosphère dans un appartement conçu pour deux et où un week-end sur deux, nous vivions à quatre, demeurait sereine.

Mais je savais que l'orage n'était jamais loin… J'avais déjà vécu ces encéphalogrammes chahutés, puis plats, puis de nouveau épileptiques. C'était éreintant !

Cette période a duré aussi longtemps que soutenable pour tous. Et enfin, la mère des enfants a décidé de reprendre ses deux fils, à demeure.

Les relations avec son aîné étaient toujours aussi passionnelles. Mais les envies « psychotiques » d'une mère en déshérence affective, qui confie, puis reprend son ou ses enfants, avaient eu raison de mon équilibre mental et de ma patience. La coupe était pleine !

Je refusais de vivre au rythme des sautes d'humeur de l'ex de mon mari. En cela, une cohabitation à quatre était derrière moi. J'avais refermé cette porte. Ce choix s'imposa à mon mari.

— Cela l'avait-il heurté ? Même dérangé. Je ne le saurais jamais.

Il est heureux, que pendant que j'arpentais ce chemin escarpé de belle-mère, mes filles se soient rapprochées de moi. Les équilibres de chacune fournissaient un climat suffisant pour que les relations entre nous soient acceptables.

Nous apprécions, enfin, il me semblait, nos temps ensemble. Mais parfois, la fougue, l'impatience, le manque d'empathie des unes envers les autres, avaient raison de ces éclats de joie à vivre ensemble.

Comme si ces vieux démons dansaient, en permanence, au-dessus de nos têtes pour ne pas qu'on les oublie.

De ce côté-là, il fallait colmater encore et toujours. Prévenir le péril qui planait. Une franche communication aurait été plus que profitable pour notre famille de filles. Mais personne n'était équipé pour cela. Nous préservions le minimum, la route avait été tellement longue et chaotique pour arriver jusque-là...

À cette période, mes filles se supportaient, se toléraient.

L'histoire d'amour de Mia, avec le compagnon de sa vie du moment, nourrissait souvent les échanges de nos duos : Penny et moi.

Nous dressions un portrait à charge de l'auteur de ses déboires amoureux.

— En quoi étions-nous légitimes ?

À d'autres moments, avec Mia, nous relevions les écarts du partenaire de l'aînée.

— Mais, qui nous donnait ce droit ?

Et j'imagine que ce même exercice s'articulait entre mes deux filles pour établir l'inventaire de mon couple désincarné et qui s'acharnait à afficher bonne figure sur la place publique familiale.

— Quelles que soient les personnes en lice et le contenu des échanges, le climat, entre mes filles et moi, sous couvert d'une communication rétablie mais insincère, était nocif.

— Que ressortirait-il de ces relations très, trop alambiquées, toxiques et surtout à quel moment ? Implicitement, nous nous aventurions vers une explosion atomique de cette nouvelle famille que j'avais tant voulu recomposer.

Aujourd'hui, avec vous, j'en fais le douloureux constat. Pour moi, dénier le malaise diffus qui altérait notre communauté de filles n'a jamais été aussi conscientisé. En vos présences, le sentiment de culpabilité me consumait. Pourquoi ?

— Peut-être que d'avoir claqué trop abruptement la porte de votre Adolescence, sans avoir pu, ni vous y préparer, ni vous accompagner, ni vous étreindre, aussi longtemps que de besoin, était trop douloureux pour moi.

— Peut-être que de vous avoir jeté dans le grand bain de la vie, sans avoir pu vous laisser le temps nécessaire pour trouver votre propre rythme, m'était insupportable.

— Peut-être qu'en accélérant vos départs de la maison, pour rejoindre la vôtre, je nous ai volontairement spoliées de tous ces petits bonheurs, dont nous aurions pu encore nous régaler, même si bien d'autres nous attendaient encore.

Du côté de mon statut de « belle-maman », le panorama n'était pas plus réjouissant. Le sentiment de ne pas avoir réussi grand-chose était amer à chaque fois que j'avalais ma salive.

Contre vents et marées, je m'accrochais solidement à l'idée que même si cette famille était dysfonctionnelle, il y avait quand même beaucoup d'amour entre ses membres. Et je la voulais, à mes côtés. Tant pis pour ses défauts que je considérais très malhonnêtement, comme mineurs.

Du côté de mon couple, le râle était encore perceptible. Mais c'était trop douloureux pour tenter quoi que ce soit. Je militais pour que ce mari imparfait demeure à mes côtés, car cette part abyssale du déficit d'amour que mes parents n'avaient jamais comblé, m'était capitale. Sans son amour, j'aurais plongé dans les ténèbres. Et j'ai toujours eu une peur maladive de l'obscurité, vous savez pourquoi maintenant.

Aussi, la potentialité d'une rupture nuptiale, à cette période, étant inenvisageable, je me suis donc accrochée à mon rôle de belle-mère indocile mais opérante ; et à mon rôle de mère docile et active dans le maintien d'un lien qui n'était plus aussi nourrissant qu'au temps d'un passé révolu mais qui, va savoir pourquoi, était toujours autant fantasmé par nous trois.

Chaque retour qui me tirait de mes territoires de rêve m'interrogeait, car l'état de notre « association » familiale élargie était moribond.

Dès l'atterrissage à Orly, il y avait dans l'atmosphère une odeur de soufre. Je mettais mon masque social d'immunité pour échapper aux effluves nauséabonds de nos relents familiaux.

L'été 2014 pointait déjà son nez.

Ma mission professionnelle en Guadeloupe devait s'achever avant les festivités du 14 juillet. Le soleil avait agrandi son espace et déployé ses rayons chauds et radieux, jusqu'en France.

Mes prochaines missions n'interviendraient qu'en septembre.

Voici donc, les premières photographies de cet été-là, à verser dans l'album familial : Mon aînée était sur le point d'accoucher de son deuxième enfant, une seconde fille. Ma cadette avait retrouvé l'Amour dans les bras d'un élève avocat, comme elle, aujourd'hui le père de ses 3 enfants : trois garçons.

Mes beaux-enfants, Thylio et Laël, partaient en Sardaigne en vacances avec leur mère.

Pour ce qui nous concernait : une petite quinzaine de jours, ensemble, tous les deux chez nous, était le passage d'entrée nécessaire pour assainir l'atmosphère de toutes les exhalaisons qui asphyxiaient notre Amour.

Et sur le chemin de la renaissance d'une passion, enfin retrouvée, des vacances en Indonésie, à Bali, au mois d'août, viendraient reconsolider nos liens grièvement effilés.

— Stop ! Roulements de tambour ! On fige l'instant. Et je vais vous dérouler, à voix haute, le bilan de cette première dizaine d'années, après mon divorce :

Les points sur lesquels l'objectif est atteint ou partiellement atteint

- Avoir la chance inouïe d'avoir rencontré celui que je considère encore aujourd'hui comme « l'Homme de ma vie ».

- Je suis désormais une avocate publiciste et formatrice auprès d'un public adulte, accomplie, à la tête d'un réseau professionnel productif et florissant. Et, j'exerce dans un environnement géographique de rêve.

- Ma famille nucléaire est réactivée.

- Concernant la famille recomposée : Peut mieux faire mais des efforts à saluer. Il reste encore un peu de chemin, à faire ensemble.

En ce mois de juillet 2014, quels sont les axes satisfaisants d'alignement avec ma nature profonde ?

- Le pardon à l'égard de mes géniteurs est une démarche amorcée, même si parfois quelques résidus de frustrations d'enfant réapparaissent. Faire miséricorde est le baume suprême qui soigne votre « paix intérieure ». Ce n'est assurément pas un acte de faiblesse.

- S'agissant de mes émotions : elles sont de plus en plus canalisées. La colère ne s'invite plus sans carton d'invitation.
- Être métissée est une richesse précieuse. Si la notion de multiculturalité est un blasphème pour qui la maudirait ; pour moi, elle constitue, depuis plusieurs années, maintenant, une réelle valeur ajoutée pour décoder ce Monde.
- M'aimer et continuer à prendre soin de moi a intégré mon rituel d'épanouissement personnel.
- Notre mariage a intégré que les aspirations personnelles et professionnelles, que chacun poursuit, sont compatibles avec notre Amour.
- Mon travail ou plutôt ma passion me procure un plaisir jouissif.
- Et enfin, pour le dressing : une belle évolution ! Je choisis des vêtements qui embellissent ma silhouette. Grace Kelly a été remisée. Dorénavant, le premier mouvement pour acheter mes vêtements est qu'ils me plaisent.

Sur quoi, dois-je, impérativement, m'accorder du répit ?
- La qualité du niveau de sororité souhaitée entre mes filles : elles seules peuvent la définir. Cela ne m'appartient pas.
- La relation avec mes beaux-fils : je m'en remets à ce qu'ils décideront.
- Pour les cheveux, Statu Quo : le brushing est encore et toujours corrélé à une sensation de bien-être, même si sa contrainte hebdomadaire me gave beaucoup !

Comment s'est opéré le changement pour être plus en phase avec soi ?

- En se confrontant à la difficulté d'élever un enfant, en toutes circonstances, que la vie vous enjoint de traverser. Et en acceptant l'idée inconfortable mais réelle que chacun fait avec ses moyens. Et c'est déjà tellement !

- En s'imbibant, non sans méfiance me concernant, des élans d'amour qui vous portent, au fil de votre vie. Vous comprenez progressivement qu'ils sont indispensables à votre épanouissement, d'une part ; et les recycler gratuitement est immensément salvateur pour votre âme, d'autre part.

- En décidant de lâcher prise sur votre volonté maladive de vouloir changer le Monde, en général et l'Humain, en particulier.

- En se déliant de votre propension à vouloir faire famille, qu'on soit lié par le sang ou pas. La famille est un conditionnement, à part entière. Le respect de chacun des membres à y demeurer, à s'en éloigner ou même à la fuir définitivement, est un droit inaliénable pour tous. C'est le prix à payer pour qu'elle fonctionne au mieux.

- En admettant que le regard de la majorité est un miroir déformant. Qui constitue la norme ? Celle qui disait que la Terre était plate ? J'ai décidé de construire ma propre référence normative. Et c'est elle qui me guide et à laquelle je me réfère exclusivement. Elle est tout sauf figée. Elle est évolutive car l'Humain est un individu en perpétuel mouvement. Et elle me sied, en l'état.

Grâce à cette sagesse que j'aurai, peut-être, gagnée, en un temps plus rapide, si un thérapeute m'avait accompagnée. Mais aucun regret, se découvrir et apprendre sur son propre matériau est une aventure exceptionnelle, riche d'enseignements. Je suis convaincue que c'est cette méthode-là, plus végan, qui me convenait.

Et je m'endors, chaque soir, avec ce petit refrain :

— A chaque jour suffit sa peine.

Maintenant, je vous interroge :

— Que pensez-vous de cette maturité d'âme nouvellement acquise ?

Je perçois d'ici vos hochements de tête, les Optimistes :

— Ce tableau familial est particulièrement prometteur pour l'été 2014, même s'il reste encore quelques scories. Mais toutes les chances sont réunies pour que, Ghazi et vous, y parveniez.

Hum ! J'adore vos paroles bienveillantes ! Votre échantillon représentatif me séduit et je me range volontiers à vos côtés. Car l'humilité d'avoir accompli tout ce chemin me ravit. Et il ne peut augurer que du lumineux dans notre vie de couple.

En effet, un seul objectif m'animait pour ces prochaines vacances : me délecter de cette enveloppante sérénité d'esprit qui commençait à irradier toute mon âme.

Moins exigeante avec moi-même, cet adage me guidait :

— *Avoir le courage de changer ce qui peut l'être et accepter avec sérénité ce qui ne le peut pas. Et posséder le discernement nécessaire pour faire la différence entre les deux.*

Vous voyez un vaste programme de vacances qui constituerait mon livre de chevet sur les plages balinaises !

— Bon ! Nous arrivons au dénouement de ce premier épisode de vie. Et, en écho aux optimistes, je dois maintenant donner la parole au groupe des réalistes. Je sais, vous êtes impatients ! Alors, à vous la parole !

— Que pensez-vous de ce tableau qui ornera nos prochaines vacances ?

—« La vie reprend toujours d'une main ce qu'elle donne de l'autre. Votre béatitude sur la beauté du moment ne prospérera pas « !

— Ouah ! Délivré comme ça, c'est d'une extrême violence.

— Je me dois de contre argumenter avec cette citation de M. **Henry David Thoreau** qui pourrait vous disqualifier :

« La vie m'a enseigné au moins une chose :
si quelqu'un avance avec confiance
en direction de ses rêves
et qu'il s'efforce de mener l'existence
qu'il a imaginée, alors il jouira
d'une réussite hors du commun «

— Je vois : aucune réaction ! Vous restez droits dans vos bottes ! Je m'incline donc et vous serez bien, malgré moi, le mauvais œil pour mon début d'été 2014.

Car au sortir de tous mes succulents instants de vie professionnelle et de ma liste de prérogatives, pour mon couple, mal en point, je vous le concède, se profilait un tsunami émotionnel d'une très exceptionnelle intensité.

Et dans un absolu cataclysme, quinze jours suffiront pour me broyer, pour me foudroyer, et enfin pour m'anéantir durant plusieurs longues années…

Les citations, adages, dialogues, notamment présentés dans le texte ont été constitués à partir des ressources en ligne proposées par différents sites du réseau Internet.

*Ils sont identifiés soit en italique, **soit en gras**.*

TABLE